natürlich oekom!

Mit diesem Buch halten Sie ein echtes Stück Nachhaltigkeit in den Händen. Durch Ihren Kauf unterstützen Sie eine Produktion mit hohen ökologischen Ansprüchen:

- 100 % Recyclingpapier
- mineralölfreie Druckfarben
- Verzicht auf Plastikfolie
- kurze Transportwege – in Deutschland gedruckt

Weitere Informationen unter www.natürlich-oekom.de und #natürlichoekom

Bibliografische Information der Deutschen Nationalbibliothek:
Die Deutsche Nationalbibliothek verzeichnet diese Publikation in der Deutschen Nationalbibliografie; detaillierte bibliografische Daten sind im Internet über www.dnb.de abrufbar.

oekom – Gesellschaft für ökologische Kommunikation mbH
Goethestraße 28, 80336 München
+49 89 544184-200
www.oekom.de

Layout und Satz: le tex, xerif
Korrektur: Elena Bruns
Umschlaggestaltung: Sarah Schneider, oekom verlag
Umschlagabbildungen: © Regine Köhler
Druck: CPI books GmbH, Leck

ISBN 978-3-98726-118-3
https://doi.org/10.14512/9783987263781

REGINE KÖHLER

Lebendige Schule

Neue Ideen für eine sinnstiftende Bildung

Inhalt

Einführung

Was ist los mit unseren Kindern? Ständig erreichen uns verstörende Nachrichten über eine steigende Zahl von phobischen und depressiven Störungen bei Kindern und Jugendlichen. Der Schulbesuch wird dann schwierig bis unmöglich. Noch nie gab es einen so hohen Bedarf an Schulbegleitungen. Kinder und Jugendliche schaffen es in großer Zahl nicht mehr, ihren Alltag alleine ohne psychotherapeutische oder ärztliche Unterstützung zu meistern. Zwischen Leistungsanforderungen der Schule und der Dauerpräsenz im *world wide web* verlieren offensichtlich viele Kinder und Jugendliche die Orientierung, was das Leben lebenswert macht. Ihre ursprünglichen Entwicklungs- und Lebensbedürfnisse nach Teilhabe, nach Liebe und Anerkennung werden durch die widersprüchlichen Anforderungen unserer derzeitigen Lebensweise verschüttet, sodass sie mit Krankheit reagieren und sich aus dem Leben und dem (schulischen) Alltag zurückziehen.

Die große Sehnsucht nach Leben wird umgelenkt in Konsum- und Unterhaltungsbedürfnisse, die diese doch nicht stillen können. Wir sollten in der Schule neue Wege beschreiten, um diese Sehnsucht aufzugreifen und sinnstiftende und nachhaltige Bildung zu ermöglichen. Die Leistungsbewertung durch Ziffernnoten, der Dreh- und Angelpunkt im etablierten Schulsystem, ist eine momentane Rückmeldung über den Lern- und Leistungsstand – nicht mehr und nicht weniger. Schule ist jedoch viel mehr als Leistungserhebung und -bewertung! Sie trägt Verantwortung für die Sinnerfüllung in einer gelebten Gemeinschaft aus jungen Menschen und ihren Lehrkräften. Schule ist auch ein Gemeinschaftsort für Familien, wo unterschiedliche Lebenswelten aufeinandertreffen. Die Rückkopplung der Arbeit in der Schule an Erlebnis- und Beziehungsorientierung verhindert ein Abgleiten in sinnentleerte Routinen bei SchülerInnen und Lehrkräften. Wir können in der Schule den gefährdeten gesellschaftlichen Zusammenhalt stärken, indem wir die Schulen lebendig gestalten, sodass in ihnen dieser Zusammenhalt neu gelebt wird: Gemeinsam lernen, leben, feiern.

Dazu sollten wir uns auf einen Prozess der kognitiven Aktivierung und der emotionalen Präsenz einlassen; diese beiden Pole wirken einem Abgleiten in den depressiven Rückzug entgegen, der unser modernes Leben oft so dunkel färbt. Wenn wir das gemeinsame Leben und Arbeiten in der Schule als Abenteuer betrachten, das uns herausfordert und immer wieder beglückende Momente von gemeinschaftlich gelebter Verantwortung und Freude beschert, bleibt die Sehnsucht nach Sinn und Gemeinschaft nicht ungestillt.

Dieses Buch will aufzeigen, wo es neue Wege gibt: für Lehrkräfte, für Familien, aber auch für Schulen als Ganzes. Es will helfen, die Sehnsucht nach Leben als Grundlage einer gelingenden Entwicklung von Kindern und Jugendlichen anzuerkennen und zeigt, wie wir sie aus der Konsum- und Medienfalle befreien können: Es ist möglich, aus Routinen auszubrechen und neue Wege auszuprobieren, ohne auf systemische Änderungen zu warten oder uns in der Kritik des Bestehenden zu verlieren. Handlungsoptionen gibt es zu jeder Zeit.

Das Buch führt über die Erläuterung der Institutionalisierung des Lernens in der Schule und damit der Lehr- und Bildungsziele in Deutschland zu neuen Wegen der Naturraumpädagogik. Diese kann auch für die weiterführenden Schulen fruchtbar gemacht werden, da sie als Inspirationsquelle für Weltwissen in der Schule dient. Denn der Sehnsucht nach Leben junger Menschen werden wir nur dann gerecht, wenn wir den Entfremdungslogiken in Schule und Gesellschaft etwas entgegensetzen: Die unmittelbare Erfahrung.

Was als bedeutsam erlebt wird, kann besser erinnert werden. So ist es möglich, *learning to the test* in nachhaltige Bildung zu verwandeln. Lebensechte, erfahrungsbasierte Herausforderungen sollten das Mark des Wissens werden. Es gilt, sich einen neuen Freiraum des Erlebens, Erfahrens und Erkennens zu erschließen, zum Beispiel dadurch, indem das Wettbewerbsparadigma durch ein Wertschätzungsparadigma ersetzt wird. Das erfordert keine Schulsystemveränderung, sondern eine Änderung der Haltung der Akteure in Schule und Familie.

Die Autorin des Buches ist Gründerin und Leiterin der Herder-Schule Pielenhofen bei Regensburg, deren Kollegium es sich zum Ziel gesetzt hat, den Widerspruch von Schule und Erfahrung bewusst zu analysieren und –

soweit das im Rahmen der kultusministeriellen Vorgaben möglich ist – aufzulösen. Mit Beispielen aus dem Schulalltag werden Ideen aufgezeigt, die an jeder staatlichen oder privaten Schule ohne grundlegende systemische Wende der Schulpolitik zum Wohle der SchülerInnen und ihrer Familien umgesetzt werden können. Die Praxisbeispiele reichen über die Einrichtung eines Schulgartens bis zur Umformung der Lernroutinen in Erkenntnisabenteuer, umfassen also sowohl Aspekte der Gestaltung des Schulalltags als auch Aspekte des Unterrichts. Über aktuelle philosophische Inspirationen durch die Tiefenökologie (Arne Naes), die Resonanztheorie (Hartmut Rosa), das Zeitalter des Lebendigen (Corine Pelluchon) und die Erneuerung des Wertediskurses (Markus Gabriel) gewinnt die Autorin eine fundierte theoretische Basis für eine sinnstiftende Lebens- und Lernpraxis in der Schule.

Das Buch wendet sich an alle, die in dieser Zeit tiefgreifender gesellschaftlicher Krisen die wichtigen Belange des Kindes- und Jugendalters wahrnehmen und Abhilfe schaffen wollen: an Lehrkräfte, an Eltern und Großeltern, an PädagogInnen und PsychologInnen und an die Akteure der Schulpolitik – kurz an alle, die bereit sind, neue Wege zu beschreiten, um der Sehnsucht nach Leben junger Menschen gerecht zu werden.

Kapitel 1

Ausgangspunkt: Wissensgesellschaft und Bildungsbiografie

1.1 Schule als Ort des staatlich organisierten, vermittelten Wissens

In Deutschland herrscht Schulpflicht, nicht Bildungspflicht. Im Nachbarland Österreich beispielsweise gibt es die Möglichkeit, seine Kinder zu Hause zu unterrichten. Der Bildungsstand wird dort einmal im Jahr von staatlicher Seite überprüft und ein Zeugnis ausgestellt. Wenn die Lehr- und Bildungsziele der Jahrgangsstufe erreicht werden, darf weiter zu Hause unterrichtet werden, wenn nicht gilt die Schulpflicht. (Vgl. https://www.deutschlandfunk.de/bildungspflicht-statt-schulpflicht-100.html) Ob und wie an den Schulen tatsächlich Bildung und nicht nur Informationsvermittlung stattfindet, wäre zu untersuchen.

Dazu müsste man sich zuerst einmal des reichlich strapazierten Bildungsbegriffs annehmen. Dies wäre ein anderes und eigens lohnendes Thema, soll aber hier nicht im Mittelpunkt stehen. Während für die einen das Credo »mit Kopf, Herz und Hand« bestimmend ist, was ein vages und unbestimmt bleibendes Bekenntnis zu ganzheitlicher Bildung bedeuten mag, bilden die anderen »für die Wirtschaft« aus. (Ausspruch eines Realschulrektors bei der Überreichung der Abschluss-Zeugnisse).

Immer wieder kommen alarmistische Weckrufe aus verschiedenen Teilen der Gesellschaft, dass Schule ihren Zweck – sei es nun Bildung oder Ausbildung – verfehle und es wird an den Stellschrauben des Systems hier und da eine Schraube ausgetauscht und nachgezogen. Das hat Geschichte: 1964 spricht der Theologe und Pädagoge Georg Picht von der deutschen »Bildungskatastrophe«. Er warnt vor Lehrermangel und kritisiert unzureichende Investitionen in die Bildung. 2001 lösen internationale Vergleichsstudien der OECD den PISA-Schock aus. Im Bildungsvergleich der Industrieländer ist Deutschland nur Mittelmaß.

2008 ruft Bundeskanzlerin Angela Merkel die »Bildungsrepublik Deutschland« aus. Das Bildungssystem müsse »jedem die Chance auf Einstieg und Aufstieg ermöglichen«. (Vgl. Lernende Schule/92/2020)

Nun wird die Digitalisierung der Schulen gefordert. Der Ausbruch der Pandemie 2020 und Schulschließungen über zwei Schuljahre hinweg haben die Schulen in Deutschland im noch unzureichenden Ausbaustand der Digitalisierung überrascht. Bildung zu Hause, das sogenannte *homeschooling*, verschärfte die Ungerechtigkeit des deutschen Bildungssystems und machte Schulerfolg noch stärker als bisher vom Elternhaus abhängig.

2023 wurde von der neuen Bundesregierung ein nationaler Bildungsgipfel initiiert, um eine »neue Kultur in der Bildungszusammenarbeit« anzustoßen (vgl. Forschung und Lehre 4/23, S. 237). Die Bundesbildungsministerin fordert eine »bildungspolitische Trendwende«, aber die KultusministerInnen boykottierten offensichtlich diese Bemühungen, nahmen doch nur zwei Länderminister an dem »Bildungsgipfel« teil. Es sind sich zwar alle einig, dass das Bildungssystem in einer Krise steckt (vgl. ebd.), aber »warum dauern die Strukturprobleme an«? Das fragt sich Felix Grigat und empfiehlt »trotzdem weiter machen« (vgl. ebd.). Es bleibt einem ja auch nichts anderes übrig. Allerdings gibt es jenseits der Strukturprobleme und der bildungspolitischen Misere Möglichkeiten, neue Wege zu beschreiten. Dazu will dieses Buch anregen. Es geht also nicht um die Frage »schaffen *die* das« (vgl. ebd., Hervorhebung der Autorin), gemeint sind die KultusministerInnen, sondern vielmehr darum, schaffen *wir* das.

Die anhaltende Diskussion rund um schulische Lern- und Bildungsziele ist wichtig und spannend, nur sollten wir aufhören »die Vergangenheit schlecht, die Gegenwart als unbedingt zu reformierende und die Zukunft als das verheißende Land« zu beschreiben (vgl. ebd.). Von der Umstellung des Lehrplans hin zu Kompetenzzielen erhoffte man sich eine solche zukunftsweisende Modernisierung des Bildungsbegriffs, die vor allem einem sich wandelnden Arbeitsmarkt kompetente junge Menschen zuführen sollte. Dabei offenbart sich ein konstruierter Widerspruch zwischen dem Fokus der Persönlichkeitsbildung und der Heranbildung von Arbeitskräften, der ja eigentlich gar kein Widerspruch sein sollte. Denn wir können davon ausgehen, dass sich junge Menschen im Leben bewähren wollen: Sie wollen sich entwickeln und sich in der Welt – und damit auch der Arbeits- und Berufswelt – willkommen fühlen. Heißen wir sie willkommen?

1.2 Die Institutionalisierung des Lernens

Der »Ernst des Lebens« beginnt mit der Schule. Warum wird der Schuleintritt als Bruch inszeniert? Schließlich beginnt die Bildungsbiografie nicht mit der Schule, sondern mit dem Beginn des Lebens. Leben heißt lernen, heißt sich bilden, neue Erfahrungen zu machen, sie zu verarbeiten, an ihnen zu wachsen und sie ständig in die eigenen schon entwickelten Aneignungs-Schemata zu integrieren (vgl. Piaget, Jean (1978): Das Weltbild des Kindes) – ganz besonders ausgeprägt in unserer Wissensgesellschaft. Dies beschäftigt uns das ganze Leben lang.

Was ist neu und anders, wenn ein Kind in die Schule kommt? Zum ersten Mal wird es verpflichtet, mit einer Alterskohorte im selben Raum vorgegebene Ziele innerhalb jeweils eines Jahres zu erreichen. Das Erreichen der Ziele wird mit normierten Leistungstests überprüft und benotet. Bei Nichterreichen des Klassenziels droht am Ende des Jahres Selektion. Während sich der Sprachlernprozess und die motorische Entwicklung des Kleinkindes noch spielerisch und ohne vorgegebene Zeitrahmen vollziehen dürfen und die Förderung der Kinder bei beobachtbaren Entwicklungsrückständen im Vordergrund steht, damit die »Schulreife« zum festgelegten Zeitpunkt erreicht wird, werden jetzt die Rahmenbedingungen neu definiert.

Der Schuleintritt und damit die sogenannte Schulreife wurden in den letzten Jahren so festgelegt, dass die Wahlfreiheit zwischen einem Schuleintritt mit sechs oder sieben Jahren weggefallen ist. Schulpflicht gilt ab dem Jahr, in dem ein Kind sechs Jahre alt wird. Die Gründe dafür sind unklar. Vielleicht liegen sie im Fachkräftemangel und im Wunsch, die Bildungsbiografie zu beschleunigen?

Tatsache ist, dass sich Lehrkräfte in den weiterführenden Schulen gehäuft Kindern gegenüber sehen, die dem Leistungsdruck von Realschule und Gymnasium nicht gewachsen sind und ihre verfrühte Einschulung mit einer Wiederholung »bezahlen«. Nachdem beim Übergang von der Grundschule zur weiterführenden Schule nach der 4. Klasse (in wenigen Bundesländern nach der 6. Klasse) schon das Umfeld, die Freunde und KameradInnen verlassen werden müssen, wiederholt sich dieser Verlust durch eine erzwungene Klassenwiederholung und kann einer Entfremdung gegenüber der Schule Vorschub leisten.

Es lohnt sich also, das Konzept der Schulreife zu hinterfragen. Wir könnten dem Problem mit einer Grundschule begegnen, welche die ersten zwei Schuljahre als offene Entwicklungs-, Lern- und Spielgruppen organisiert, die in Rücksprache mit den Erziehungsberechtigten und professionellen PädagogInnen in zwei oder drei Jahren durchlaufen werden können. So würden wir den Bruch zwischen KiTa und Schule abmildern und den Entwicklungs- Spiel- und Lernbedürfnissen der Kinder angemessener begegnen.

1.3 Lehrpläne, Bildungsziele, Lehrkräfte

Sobald ein Kind in die Schule eintritt, wird die Bildung dort durch staatlich vorgegebene Lehr- und Bildungspläne bestimmt. (Vgl. Grundgesetz § 7) Der pädagogische Laie und viele Eltern fragen sich vielleicht, woran sich diese Pläne und Ziele orientieren, wer sie festlegt und wer die Zielerreichung überwacht. Hierfür gibt es Lehrplankommissionen der Kultusministerien in den Bundesländern, denen die Festlegung der Ziele obliegt.

Verbindliche Stundentafeln und Leistungsbewertungen sind juristisch in den jeweiligen Schulordnungen niedergelegt; sie werden durch kultusministerielle Schreiben oder Änderungen der Ordnungen ergänzt oder überarbeitet. Das Erziehungs- und Unterrichtsgesetz, die allgemeine Schulordnung sowie die Ordnungen für die einzelnen Schularten definieren juristisch bindend und engmaschig die Rahmenbedingungen von Schule. Im Bayerischen Erziehungs- und Unterrichtsgesetz (BayEUG) finden wir zum Bildungskanon beispielsweise bei *Aufgaben der Schulen*, »Die Schulen erschließen den Schülerinnen und Schülern das überlieferte und bewährte Bildungsgut und machen sie mit Neuem vertraut«. (BayEUG, Art 2/3) Im Folgenden heißt es im BayEUG zur Grundschule in Bayern: »Angesichts der geschichtlichen und kulturellen Prägung Bayerns wird in jedem Klassenraum ein Kreuz angebracht. Damit kommt der Wille zum Ausdruck, die obersten Bildungsziele der Verfassung auf der Grundlage christlicher und abendländischer Werte unter Wahrung der Glaubensfreiheit zu verwirklichen.« (BayEUG Art.7/4)

Die geschichtliche Gewordenheit der »christlichen und abendländischen Werte« und ihre Fragwürdigkeit als apriorische Setzung werden nicht problematisiert, sondern es offenbart sich hier beispielhaft ein affirmativer Charakter der systemischen Verfasstheit des staatlichen Schulwesens. Der eklatante Missbrauch dieser Werte sowohl in der Geschichte des Abendlandes (z. B. Stichwort Kolonialisierung) als auch in der deutschen Vergangenheit während des Nationalsozialismus werden genauso ignoriert wie die Doppelbödigkeit des Anspruchs christlicher Werte, waren doch gerade in kirchlichen Schulen und Erziehungseinrichtungen sexueller Missbrauch und gewaltsame Erziehungsmethoden an der Tagesordnung. Ein ideologiekritisches Hinterfragen eines sehr allgemein gehaltenen Kanons, der sich auf Tradition und Identität beruft, findet nicht statt. Im Mittelpunkt der schulischen Bildungsbemühungen stehen vielmehr die Zielerreichung der definierten Lehrplanziele und die punktgenaue Einhaltung der vorgegebenen Stundentafeln, die von den einzelnen Schulaufsichtsbehörden gegenüber den staatlichen Schulen und den staatlich anerkannten Privatschulen streng eingefordert und mit erheblichem Personalaufwand engmaschig überprüft werden.

Ein wichtiger Faktor bei der juristischen Verfasstheit von Schule stellt eine möglichst umfassende Rechtssicherheit gegenüber klagenden Eltern dar, die jenseits des Klagewegs wenig Einwirkungsmöglichkeiten haben, wie und was in der Schule gelernt und getestet wird. Der kreative Spielraum bei der Gestaltung von Schule ist also für alle beteiligten Akteure – Lehrkräfte, Eltern, SchülerInnen – eng begrenzt. Weder Lehrkräfte und Schulleitungen, noch Eltern, geschweige denn die, um die es geht – die Kinder und Jugendlichen – können aus dem vorgegebenen Rahmen ausbrechen. Die Rahmenbedingungen von Schule in Deutschland sind dabei vielfältig und unübersichtlich – wir haben aufgrund des Föderalismus in Deutschland 16 Schulsysteme.

Eines ist allen Schulsystemen in Deutschland gemeinsam: Es gilt vorgegebene Ziele zu erreichen und sich im gegebenen Rahmen einzurichten. Anpassung ist also offensichtlich ein vorrangiges Bildungsziel. Dies gilt auch für die Lehrkräfte, die den Beamtenstatus anstreben und sich einfügen und anpassen müssen, um den begehrten und privilegierten Status des gut situierten Beamten zu erreichen. Die Beförderungen, damit auch die Gehaltsstufen, werden durch periodische Beurteilungen der jeweiligen Schulleitung abgesichert; wer sich als anpassungsfähig an das bestehende Schulsystem und als unauffällig beweist, darf sich auf eine attraktive Pension freuen, die ihm das Durchhalten auch bei Frustrationen und Depressionen schmackhaft macht.

Bei Schulleitertagungen und in Gesprächen in Lehrerkollegien kann man mitverfolgen, wie über Einstufungen in Gehaltsgruppen der Beamtenbesoldung genauso leidenschaftlich und engagiert gesprochen wird, wie über Sachfragen. Die Loyalität zum Dienstherrn gilt als oberstes Gebot, wie mir von Schulleitern bei einer Schulleiterdienstbesprechung in Bayern beim Abendessen auf Nachfrage versichert wurde, obwohl der Dienstherr zuvor in Gestalt eines Ministerialdirektors in autoritärem und durchaus respektlosem Ton die Schulleitungen staatlicher Schulen auf den vom Ministerium vorgegeben Kurs eingeschworen hat.

Auch die LehramtsanwärterInnen sind dem Diktat der Anpassung spätestens nach ihrem Studium im Referendariat unterworfen, ist doch die Seminarlehrkraft z. B. in Bayern gleichzeitig die beurteilende Instanz in den Examenslehrproben. Und die Noten entscheiden über die Chancen beim Wettlauf um die Einstellung in das Beamtenverhältnis. Hier wird die Richtung vorgegeben, mit der die im System erfolgreichen Lehrkräfte später ihre SchülerInnen bewerten und einstufen, zumal Lehrkräfte von der ersten Klasse bis zum Ende ihres Studium in diesem System sozialisiert werden. Auch wenn in Zeiten des Lehrermangels dieses System etwas aufweicht, geschieht dies nur aufgrund des Drucks der Verhältnisse und wird sich, wenn dieser wegfällt, sofort wieder etablieren.

Die im Zusammenhang mit Schule viel beschworene Bedeutung der Werteerziehung verschleiert also ein Grundproblem der Werteorientierung im deutschen Schulsystem: Freiheit, Solidarität, Empathie sind eben nicht die Säulen unseres Wertefundaments, sondern Anpassung, Wettbewerb und Einzelkämpfertum. Auch die Wissensvermittlung an den Schulen schwankt zwischen durchaus hehren Kompetenzzielen, die erreicht werden sollen, und den realen Bedingungen, unter denen der Kompetenz- und Wissenserwerb an den Schulen stattfindet.

In jeder Zeit gibt es einen Kanon an Wissen, den es gilt, an die junge Generation weiterzugeben. Heutzutage ist im Grundschulalter dieser Kanon hauptsächlich dadurch bestimmt, dass ein Kind am Ende der vierten Klasse sicher das Lesen, die Schrift und die grundlegenden Rechenoperationen beherrschen sollte sowie Wissen auswendig lernen und wiedergeben kann. Aufgrund der Benotung der Leistungen in den drei Bereichen Mathematik, Deutsch und Heimat- und Sachkunde, wird es dann zur Fortsetzung der Bildungsbiografie einer Schulart, für die es nach Durchlaufen der Grundschule als geeignet gilt, zugewiesen. In den meisten Bundesländern haben die Eltern nach einer Grundschulempfehlung die Wahl. Der Elternwille zählt auch, wenn Eltern sich gegen die Grundschulempfehlung entscheiden sollten. Nur in wenigen Bundesländern wie Baden-Württemberg, Bayern, Sachsen und Thüringen ist die Grundschulempfehlung verbindlich und steht über dem Elternwillen (https://www.bundestag.de/resource/blob/835702/1da4c50c71135c08416a99ad1478a796/WD-8-025-21-pdf.pdf)

Kompetenzen, die im vorgegebenen Kanon der Grundschule keine Rolle spielen – wie z. B. darstellendes Spiel, Musik, Sport, Fremdsprachen, Mehrsprachigkeit – erlebt das Kind als irrelevant für die Entscheidung über die Fortsetzung seiner Bildungsbiografie; diese Bereiche sind im Regelfall an den Grundschulen marginalisiert, es sei denn eine engagierte Schulleitung oder einzelne Lehrkräfte prägen mit diesen Bereichen das Schulleben.

Eine Pädagogik, die sich an den vielfältigen Lebens- und Entwicklungsbedürfnissen von Kindern orientiert, sähe anders aus!

1.4 Weltwissen und Naturraumpädagogik

Als Weltwissen wird das Ergebnis von lebenspraktischen, sozialen, motorischen, ästhetischen und kognitiven Erfahrungen bezeichnet, das sich im Umgang mit einer anregenden und herausfordernden Umwelt und Mitwelt herausbildet.

Dieses Weltwissen findet sich weder in einem Curriculum, noch kann man es an Hand einer Checkliste erwerben. Die Autorin des Buches »Weltwissen der Siebenjährigen, wie die Kinder die Welt entdecken können« wirbt für ein Panorama von Bildungserlebnissen, das Kindern in den ersten Lebensjahren im Alltag und in Erziehungseinrichtungen wie KiTa und Kindergarten zugänglich sein sollte. (Vgl. Eschenbroich, Donata (2001): Weltwissen der Siebenjährigen. Wie die Kinder die Welt entdecken können.) Spätestens sobald Kinder die Schulreife erlangt haben und in der Schule den Lehrplanzielen unterworfen werden, rückt das breite Bildungspanorama im Sinne des Erwerbs von Weltwissen in den Hintergrund. Die Welterschließung durch eigene Erlebnisse und Erfahrungen bleibt besonderen reformpädagogisch orientierten Schulen vorbehalten. Das staatliche Curriculum basiert überwiegend auf kognitiver Schulung von schulischen Fertigkeiten.

Was ab dem Schulalter ausgesprochen oder unausgesprochen also mehr als Weltwissen zählt, ist der normierte Wissens- und Kompetenzerwerb der schulischen Leistungen, die der Überprüfbarkeit durch Testformate genügen müssen, um die Kinder in Leistungsgruppen einzuordnen. Schließlich gilt es am Ende der Grundschulzeit festzustellen, wer für welche Schulart geeignet ist. Dafür werden ausschließlich die schulischen Testformate herangezogen.

Das Bildungspanorama zur Aneignung von Welt, das Eschenbroich für die ersten sieben Jahre zum Erwerb von Weltwissen vorstellt, spielt ab dem Schulalter zumeist nur noch in bildungsbürgerlichen Elternhäusern eine Rolle. Im schulischen Curriculum wird es vernachlässigt, was schon an der Ausbildung der Grundschullehrkräfte zu erkennen ist. Hier werden keine KünstlerInnen, MusikerInnen, TheaterspielerInnen und ÖkologInnen herangebildet, welche die Grundschulen zu Begegnungsstätten und anregenden Erfahrungsräumen für Familien machen, sondern SachwalterInnen des Leistungs- und Selektionsdenkens. So werden bei Übertrittsveranstaltungen die Beratungslehrkräfte der Grundschule durchaus auch mal gefragt, welchen Intelligenzquotienten (*IQ*) ein Kind haben müsse, um das Gymnasium besuchen zu können. Daran sieht man, dass schulische Bildung für Eltern – vielleicht sogar für die meisten von ihnen – vor allem der sozialen Eingliederung und Abstufung dient. Bildung wird kein Eigenwert eingeräumt. Auch die sogenannte Naturraumpädagogik, die sich zunehmender Beliebtheit erfreut – abzulesen an den Neugründungen von Waldkindergärten – bleibt eine Domäne der vorschulischen Bildung, die jäh abbricht, sobald die Kinder die Schule besuchen. Wie geht es einem »Waldkind«, das gewohnt war, den ganzen Vormittag draußen in der Natur unterwegs zu sein, wenn es auf einmal still am Platz sitzen muss und sich Bewegungsangebote auf die Pausenzeiten und den Sportunterricht beschränken? Wird nicht alles, was die Naturraumpädagogik angelegt hat, so wieder zunichte gemacht? Womöglich ergeben sich durch die Sozialisation im Wald Probleme mit der Anpassung an die schulischen Lern- und Disziplinformate? Denn es gibt keine Weiterführung des ganzheitlichen Ansatzes des Konzepts von Weltwissen oder Naturraumpädagogik in der Schule.

Im Gegenteil: Ein vielfältiges Angebot an Beratungslektüre befasst sich damit, wie »Ihr Kind die Schule schafft«. Oder noch befremdlicher: Aufgrund der offensichtlich geringer vorhandenen Anpassungsleistung von Jungen an das bewegungs- und erfahrungsarme Bildungsangebot der Schulen, hat sich ein eigener Zweig der Anpassungsberatung auf Jungen spezialisiert. (Vgl. z. B. Winter, Reinhard (2018): Wie Jungen die Schule schaffen. Ein Ratgeber für Eltern). Immerhin wird in diesem Buch auch vehement die Verantwortung der Politik eingefordert: »Warum werden Forschungsergebnisse zum Zusammenhang von Bewegung, Lernen und Gesundheit so konsequent übergangen? ... Warum ist die Ausbildung der Lehrkräfte so einseitig auf Fachliches beschränkt?«. (Vgl. ebd., S. 288/89)

Ja, warum? Warum wird in der Schule das lebendige Wissen auf dem Altar der Überprüfbarkeit geopfert? Die lebensfernen Strukturen der Schule führen jedenfalls bei einer zunehmenden Zahl von Kindern und Jugendlichen zu Schulangst, Schulvermeidung, Depressionen oder aber zu Überanpassung mit Spätfolgen.

1.5 Schule und unmittelbare Erfahrung – ein Widerspruch?

Kindheit und Jugend sind Phasen des Wachstums und des Experimentierens. Grundlagen der Persönlichkeitsentwicklung werden gelegt, die das zukünftige Leben prägen werden. Die Gehirnforschung hat sich dieses Themas angenommen und treibt dabei Blüten, wie die Mode der sogenannten »Neurodidaktik«, die »gehirngerechtes« Lernen propagiert. Diese Ansätze setzen in der Regel in erster Linie auf erfolgreichen und überprüfbaren Wissenserwerb. Gerade jetzt zeigt die Diskussion um die künstliche Intelligenz und die Kompetenzen von *ChatGPT*, dass Wissenserschließung und Wissensgenerierung neu überdacht werden müssen. Das sogenannte »gehirngerechte Lernen« vernachlässigt die einzigartige, kreative menschliche Aneignungs- und Verarbeitungsleistung bei der Generierung von Wissen und Bildung. Nachhaltige Erschließung von neuen praktischen und theoretischen Kompetenzen, die Ausbildung des kritischen Denkens oder gar die Herausbildung von Haltungen, die dem traditionell eher ganzheitlich angelegten Bildungsbegriff entsprechen würden, bleiben unberücksichtigt. Das Durchdringen und Verstehen von Sachfragen, die vertiefte und persönlich gefärbte Auseinandersetzung mit Bildungsthemen, was Zeit und Einsatz braucht, spielen eine untergeordnete Rolle. Aber gerade die persönliche Betroffenheit und das individuelle Interesse zeigen sich als Voraussetzungen des nachhaltigen Lernens: »Hirnforscher haben entdeckt, dass Kinder vor allem lernen und erinnern, was für sie bedeutsam ist.« (Vgl. Egle, Jürgen (2013): Zur Bedeutung von Person und Beziehung für gelingendes Lernen. Zeitschrift SEMINAR 4/2013)

Eltern, ErzieherInnen und alle, die aufmerksam Kinder beim Aufwachsen begleiten und unterstützen, werden diese These als allgemeine Erfahrung, die nicht unbedingt der »Entdeckung« der Hirnforscher bedarf, sondern durch ihre Forschung allenfalls untermauert und analysiert werden kann, bestätigen.

Bedeutsamkeit allein ist wertneutral und was als bedeutend eingestuft wird, hängt auch vom sozialen Kontext ab, es kann gelenkt und gesteuert werden. Für Kinder heutzutage sind z. B. vorstrukturierte Erfahrungen mit Computerspielen und der soziale Austausch in digitalen Netzwerken sehr bedeutsam geworden, sodass hier ein enormer Lernzuwachs zu verzeichnen ist, dessen Erwerb beträchtliche Zeitressourcen der Kinder und Jugendlichen beansprucht und andere traditionell bedeutsame Erfahrungsfelder – wie draußen spielen, mit Freunden unterwegs sein, Sport treiben, Musik machen oder Geschichten lesen – an Bedeutung verlieren.

Es zeigt sich an diesem Beispiel aus der Hirnforschung exemplarisch die grundsätzliche Distanz zur Bedeutung der unmittelbaren Erfahrung als zentrales Moment jeden Lernens und des Lebens überhaupt. Erfahrung wird erst als wertvoll eingestuft, wenn sie wissenschaftlich belegt ist.

Wenn auch immer wieder betont wird, dass »konkrete Erfahrungen« den Lernprozess unterstützen (vgl. Ullmann, Edwin (2016): Lernen aus neurobiologischer Perspektive), bleiben diese konkreten Erfahrungen eine freiwillige Ergänzung zum festgelegten stoff- und zielbasierten Lehrplankonzept. So kann man festhalten, dass wir in der Schule für die Schule lernen – und zwar durch den Aufbau kognitiver Strukturen, die geeignet sind, in Vergleichsarbeiten als abrufbares Wissen überprüft zu werden.

Schule steht also in einem Widerspruch zum reichhaltigen Experimentierfeld von unmittelbaren, eigenen, Erfahrungen, die nicht in standardisierten Formaten abprüfbar sind und sich nicht in einem festgelegten Zeitkorsett eines Stundenplans bewegen. Lebensechte, erfahrungsbasierte Herausforderungen mit offenem Ausgang spielen beim Lernen in der Schule eine Nebenrolle. Dieser Widerspruch von Schule und unmittelbarer Erfahrung kann sich in beträchtlichem Maße hemmend auf die Motivation von Kindern und Jugendlichen im schulischen Kontext auswirken. Je mehr Zeit Schule im Leben von Kindern und Jugendlichen einnehmen soll – was ja eine gesamtgesellschaftliche Forderung ist –, desto fragwürdiger werden die Konzepte einer rein kognitiv überprüfbaren Bildung oder einer schulkonformen Verwahrung am Nachmittag. In der Halbtagsschule gab es – inhaltlich stark abhängig vom Wohnort und der sozialen Einbettung der Familien – zumindest noch am Nachmittag den Freiraum von echten Erfahrungen und Herausforderungen im Spiel- und Freizeitbereich von Kindern und Jugendlichen. Dieser Freiraum wird heute durch Ganztagsschule und Medienkonsum immer weitgehender besetzt, sodass der Raum für unmittelbare, körperbetonte, bewegungsaffine Erfahrungen weiter schrumpft.

In erlebnispädagogischen Angeboten wird diesem Umstand Rechnung getragen. Auf dem wachsenden Feld der Erlebnispädagogik wird Erleben und Lernen als untrennbare Einheit gepflegt. Allerdings wird Erlebnispädagogik zumeist als Ergänzung zum Schulbetrieb mit Angebotscharakter, z. B. bei Schullandheimaufenthalten, aufgesucht und findet seinen Niederschlag noch nicht angemessen in didaktischen Konzepten für die Schule. Es gilt bei erlebnispädagogischen Angeboten und Konzepten jeweils genau die folgende Frage zu prüfen: Werden didaktisch gelenkte Erfahrungsangebote gemacht oder handelt es sich um echte unmittelbare und subjektiv getönte Erfahrungen ohne vorgefertigtes Lernziel? Denn eine »Verschulung« von Erfahrungen untergräbt den individuellen Freiraum, der Entwicklung und Lernen durch ganzheitliche Erfahrungen erst so wertvoll und für das eigene Leben so bedeutsam machen kann.

Die Frage, ob das zu beobachtende Ausweichen von Kindern und Jugendlichen in den Aufforderungsüberschuss der vielfältigen digitalen Erfahrungsangebote eine kompensative Funktion hat, bleibt offen. Die Erfahrungsräume im Leben der Kinder und Jugendlichen werden zwar immer enger gesteckt; im weltweiten Netz scheint sich demgegenüber eine vorgefertigte aber paradoxerweise doch quasi ungesteuerte Erfahrungswildnis anzubieten. Dass nicht nur Jugendliche, sondern auch schon Kinder im Grundschulalter in dieser digitalen Wildnis Erfahrungen machen, die sie nicht verarbeiten können und die sogar das Kindeswohl gefährden, dringt erst nach und nach ins Bewusstsein. Noch werden die Eltern und Schulen in der Bewältigung der Aufgabe, der Spagat zwischen Digitalisierung des Wissens und Lernens und der Regulierung des Gefahrenpotentials des weltweiten Netzes zu leisten, alleine gelassen; es gibt diesbezüglich keine verbindlichen gesetzlichen Regulierungen. (Vgl. Müller, Silke (2023): Wir verlieren unsere Kinder. Gewalt Missbrauch, Rassismus. Der verstörende Alltag im Klassenchat.)

Die zwischenmenschlichen Erfahrungen, die in der Schule gemacht werden, sind stark geprägt vom Leistungsgedanken der Schule. Eine psychologisch-pädagogisch fundierte Ausbildung der Lehrkräfte, die sie dazu befähigen würde, Gruppenprozesse unabhängig von schulischen Lern- und Prüfungserfahrungen zu moderieren, bleibt anderen Berufsgruppen – wie PsychologInnen, Schulbegleitungen oder TherapeutInnen vorbehalten. Multiprofessionelle Teams sind nicht als fest verankertes Element im schulischen Alltag, sondern nur in Einzelfällen als Ergänzung im Falle psychischer Erkrankungen und Wiedereingliederungsversuchen von SchülerInnen anzutreffen. Selbst körperbetonte Erfahrungen im Sport stehen meist ganz unter dem Einfluss der Leistungsmessung und der Benotung.

Einige reformorientierte Schulkonzepte versuchen diesem Widerspruch von Schule und unmittelbarer Erfahrung entgegenzuwirken. Zum Beispiel beim »Projekt Herausforderung« in der evangelischen Schule Berlin Zentrum, das mittlerweile von anderen Schulen aufgegriffen wurde, oder durch Naturforscher-AGs, sowie Projekte der Tierhaltung an Schulen – wie z. B. Bienenhäuser in Imker-AGs, Hühnerhaltung oder Gartenbau in Schulgärten. Egal, ob es ein Schulkonzept oder eine Schulphilosophie gibt, die Schule als Erfahrungsort stützt, oder ob einfach einige engagierte Lehrkräfte, die den gravierenden Mangel an lebensechten Erfahrungen der Schule als Problem erkannt haben und dem entgegenwirken, zeigen diese Beispiele ein spannendes Experimentierfeld, das eine mögliche Neubestimmung der Schule als lebendigen Erfahrungsort erahnen lässt.

Im zweiten Kapitel sollen mit praktischen Beispielen aus dem Schulalltag u. a. der Herder-Schule Pielenhofen exemplarisch Wege aufgezeigt werden, wie Lernen auf der Basis eigener Erlebnisse und Erfahrungen in das Unterrichtsgeschehen integriert werden können. Die Herder-Schule hat sich sowohl in der Praxis als auch in der Reflexion auf den Weg gemacht, den Widerspruch von Schule und Erfahrung bewusst zu analysieren und – soweit es im Rahmen der kultusministeriellen Vorgaben möglich ist – aufzulösen (vgl. www.herder-schule.eu).

Die Praxisbeispiele wollen inspirieren, sich auf den Weg zu machen, sind sie doch zum Wohle der SchülerInnen an jeder staatlichen oder privaten Schule umsetzbar, ohne dass es einer grundlegenden systemischen Wende der Schulpolitik in den einzelnen Bundesländern bedarf. Denn eine rein theoretische Reformdiskussion erschöpft sich zu oft in fruchtlosen Debatten, führt zu keiner Verlebendigung des Schulalltags für die SchülerInnen und bleibt dabei aufgeladen mit Zielantinomien, die genuin im Begriff Schule angelegt sind, ohne dass sie erkannt und bewusst reflektiert werden. Schule hatte ihr Betätigungsfeld immer schon in der Spannung von Freiheit und Zwang und muss mit dieser Spannung produktiv umgehen. Auch das ist eine Erkenntnis, aus der man viel ziehen kann, ist sie erst einmal ins Bewusstsein von Lehrkräften und SchülerInnen getreten. Also Schluss mit Schulstrukturdebatten, und rein in die Praxis des lebendigen Lernens, des Erfahrungslernens! Nichts hindert uns, jetzt damit anzufangen. Die Kinder und Jugendlichen in der Schule und ihre Familien werden es uns danken!

1.6 Schule als Projektionsfläche

Bevor wir zur Praxis schreiten, müssen noch zwei Punkte geklärt werden: erstens die Überladung der Schule mit Projektionen von verschiedener Seite, d. h. von Seiten der Akteure der Schule selbst – wie Lehrkräfte, Schulpolitiker, Schulaufsicht –, von Seiten der Politik und Gesellschaft, von Seiten der Eltern und von Seiten reformorientierter PädagogInnen, ErziehungswissenschaftlerInnen und PhilosophInnen. Und zweitens soll ein Weg aufgezeigt werden, der aus der Falle der Projektionen herausführen könnte.

Schule als Projektionsfläche wahrzunehmen, hat Tradition, denn Schule bedeutet die Heranbildung der Zukunft. Angefangen bei Rousseaus wirkungsmächtigem Bildungsroman von 1762: *Emile oder Über die Erziehung*, bis zu Erlösungsfantasien oder elitären Exklusionsfantasien an den durch die Anthroposophie geprägten Waldorfschulen, wie auch bei dem in jüngster Zeit immer lauter werdenden Ruf nach umfassender Digitalisierung der Schulen – überall hofft man, den neuen Menschen zu bilden, der eine vielversprechende Zukunft eröffnet.

Dabei wird von den spezifischen Bedürfnissen und Voraussetzungen der zu Bildenden meist abgesehen, und mehr in universalistischen Allgemeinplätzen gedacht: Es gilt »das System« zu verändern, politische oder esoterische Ideologien zu installieren und an »die Jugend« heranzutragen, »Bildungsgerechtigkeit« zu schaffen, die Gesellschaft von der Schule her umfassend moderner und effizienter zu gestalten oder mehr Elitenbildung zu ermöglichen – je nach politischer Herkunft der jeweiligen Bildungsreformbemühungen. Unser gegliedertes Schulsystem, das vorgibt »begabungsgerecht« zu sein, teilt Bildung in drei Bereiche und ist damit das Ergebnis traditioneller Projektionen: zum einen eine Grundbildung in der Pflichtschule, der Grund- und Mittelschule, dann die weiterführende Allgemeinbildung an der Realschule und schließlich die wissenschaftsorientierte Bildung am Gymnasium.

Die frühere »Hauptschule« hat sich aus der Volksschulbildung entwickelt. In meiner Schulzeit in den 70er-Jahren in einem Dorf südlich von München war es selbstverständlich, dass alle Akademikerkinder an das ortsansässige Gymnasium verwiesen wurden, während die Dorfkinder die Hauptschule besuchten. Bei guten Leistungen stand ihnen der Aufstieg nach der 6. Klasse in die Realschule offen. Aufgrund der wachsenden Unzufriedenheit der Familien mit der Hauptschule als »Restschule« nach der Einführung der sechsjährigen Realschule war mit sinkenden Schülerzahlen absehbar, dass die Schulform nicht mehr lange zu halten ist. Deswegen wurde die Hauptschule in »Mittelschule« umbenannt. Nach einer Reform ist es nun möglich, neben dem üblichen Hauptschulabschluss sowohl einen qualifizierenden Abschluss nach der 9. Klasse als auch eine Mittlere Reife nach der 10. Klasse mit Anschluss an weitere Schulbildung bis zum Abitur zu erreichen.

Die ursprüngliche Hauptschule hat sich also von einer Restschule für die SchülerInnen, denen der Weg an die höhere Schule verschlossen war, zu einer Schule mit eigenem, stark praxisorientierten Bildungsprofil entwickelt. Gerade für SchülerInnen, die an der Erfahrungs- und Praxisarmut der anderen Schularten leiden, könnte dieses Profil sehr attraktiv sein. Durch die Zuweisung aufgrund der Leistungen, die in der ersten Hälfte der 4. Klasse erreicht werden, haftet aber der Mittelschule immer noch ein Makel an. Deshalb entscheiden sich die Familien in den allerwenigsten Fällen freiwillig für diese Schulart. Es ist sogar eine weitverbreitete Häme unter Lehrkräften üblich, wenn eine SchülerIn es gegen die Empfehlungen der Grundschule mit zusätzlichen Aufnahmeverfahren an eine weiterführende Schule schafft und sich dann Leistungsprobleme in der gewählten Schulart zeigen. In solchen Fällen wird den Eltern gerne mit Formulierungen wie »das war doch abzusehen« Überforderung ihrer Kinder und Beratungsresistenz vorgeworfen.

Unser Schulsystem baut also auf eine grundlegende Leistungsgliederung, die von Eltern, Lehrkräften und der Schulpolitik meist wenig reflektiert wird. Das führt dazu, dass die Betroffenen oft Probleme mit den Leistungseinstufungen haben, da sie Angst vor Abstieg haben oder befürchten, weniger gute Startchancen beim Vorlauf für einen gut bezahlten Job zu haben. Um Bildung und die Belange der Kinder selbst geht es bei der Schulwahl leider selten.

Das müsste nicht sein, wenn Kindheit und Jugendalter sowie der Ort der Bildung – die Schule – freigehalten würden von gesellschaftlichen Projektionen, projiziertem Standesbewusstsein der Eltern (»mein Kind gehört aufs Gymnasium«) und von nationalem Wettbewerbsdenken. Hier hat Deutschland große Defizite und belegt im Vergleich der OECD-Länder nur einen nachrangigen Platz, sodass ein Umdenken nur zu einer Verbesserung führen könnte. Die verschiedenen Schularten nach der Grundschule und die vielfältigen Möglichkeiten, sich bis zum Abitur weiterzubilden, erlauben es, sowohl bei den Familien als auch bei gesellschaftlichen Akteuren, wie z. B. Arbeitgebern, über eine Stärkung der einzelnen Schularten im differenzierten Bildungswesen in Deutschland ein neues Selbstverständnis der deutschen Bildungslandschaft zu generieren. Was wäre, wenn wir Schule als Freiraum für Entwicklung auffassen würden, im Sinne des Grundgesetztes, Art 2: »Jeder Mensch hat das Recht auf die freie Entfaltung seiner Persönlichkeit«? Die Familien würden nach umfassender Beratung durch multiprofessionelle Teams in der Schule frei die Schulart wählen dürfen, auf die ihr Kind Lust hat und die dem bisher gezeigten Begabungsprofil entspricht.

Hier kommt gerne der Einspruch, dass dann alle Eltern ihr Kind aufs Gymnasium schicken würden. Dies könnte durchaus passieren, da zumeist Gymnasium mit Elite assoziiert wird und es die selektivste Schulform ist. Man muss nur die Klassenfotos der Eingangsjahrgänge an bayerischen Gymnasien mit denen der Abiturjahrgänge vergleichen! Viele SchülerInnen wechseln im Laufe ihrer Gymnasialzeit in eine untere Klasse oder in eine andere Schulart, da sie dem einseitig kognitiven Leistungsanspruch des Gymnasiums nicht gerecht werden.

Deshalb gilt es erstens Aufklärungsarbeit zu leisten: Gymnasium ist ein problematischer Name für die Schulart, wie sie heute verfasst ist. Humanistische Bildung mit Latein und Griechisch – dies war ursprünglich den Gymnasien vorbehalten. Also haben wir heute eigentlich viele Schularten, die zum Abitur und damit zur Hochschulreife führen, da nach dem schulpolitischen Motto »kein Abschluss ohne Anschluss« sowohl Mittelschulen, als auch Realschulen über die Fachoberschule oder über die gymnasiale Oberstufe zur Hochschulreife führen. Das Studium von Latein und erst recht Altgriechisch in der Schule sind nicht mehr Kennzeichen der gymnasialen Bildung und haben nicht mehr das Privileg Elitebildung zu sein. Im antiken Griechenland, woher der Begriff Gymnasium stammt, steht er für den Ort, wo nackte Knaben sich in Körperertüchtigung gebildet haben und allgemein unterrichtet wurden. Die Bezeichnung Gymnasium kommt etymologisch von *gymnós*/»nackt« und wird in anderen Ländern, z. B. Frankreich, für die Turnhalle verwendet. (*Gymnase* oder kurz *gym* bedeutet hier Turnhalle.) Wir brauchen also nicht das Schulsystem ändern, wir müssen zuerst unsere Projektionen hinter uns lassen und unser Denken über Schule ändern. Damit die Befürchtung der falschen Schulartwahl bei Freigabe der Entscheidung nicht eintritt und wir unser durchaus bewährtes differenziertes Schulsystem erhalten können, sollten wir zum einen über die Namensgebung der

Schularten, zum anderen über die Lehrerausbildung und die Lehrerbesoldung nachdenken.

Solange Pädagogik und Psychologie bei der Lehrkräfteausbildung keine zentrale Rolle spielen, sondern in erster Linie der Erwerb des Fachwissens und solange Gymnasiallehrkräfte gegenüber ihren KollegInnen der anderen Schularten besser gestellt sind, können wir nicht die besten und kreativsten, sozial begabtesten jungen Leute für den Lehrberuf an allen Schularten motivieren. So bleiben die alten Projektionen über die einzelnen Schularten in den Köpfen und sorgen für Frustrationen und gesellschaftlichen Unfrieden.

1.7 Schule als Antiutopie

Hier soll aber nun nicht neuen Utopien im Sinne einer einfachen Lösung für weit verbreitete Frustrationen und Depressionen das Wort geredet werden, die in den Schulen bei Lehrkräften und SchülerInnen sowie ihren Familien und auch bei Lehramtsstudierenden anzutreffen sind. Eine Umbenennung und Gleichstellung der Schularten der Sekundarstufe allein ohne inhaltliche Neuorientierung würde nicht weiterführen und löst noch keine Probleme.

Offensichtlich sitzen wir mit der Dreigliedrigkeit des Schulsystems einer Illusion auf: Es wird von den Verantwortlichen in den Kultusministerien und der Schulaufsicht sowie manchen Lehrkräften tatsächlich angenommen, dass man bei Kindern im Alter von neun Jahren anhand von Schulnoten in drei Fächern zeigen könne, welches Schulprofil angemessen sei. Anhand einer Broschüre des bayerischen Kultusministeriums zur Berufsorientierung der verschiedenen Schularten will ich kurz zum besseren Verständnis die Profile unseres differenzierten Schulsystems beispielhaft umreißen: Hier wird uns die Mittelschule als die Schule mit dem Alleinstellungsmerkmal einer durchgängigen, strukturierten Berufsorientierung ab Klasse 5 mit dem »Leitfach Wirtschaft und Beruf« vorgestellt.

Allerdings werden alle Kinder auf die Mittelschule verwiesen, die anhand der Ziffernnoten nicht nachweisen konnten, für die Realschule oder für das Gymnasium »geeignet« zu sein. Ob sie damit automatisch für die »strukturierte Berufsorientierung« der Mittelschule mit »altersgerecht ersten Erfahrungen im beruflichen Umfeld« in Ausbildungsberufen ab Klasse 5 geeignet sind, bleibt dahingestellt. Was ist, wenn Kinder einfach im Alter von neun oder zehn Jahren noch nicht die Reife haben, die Leistungsanforderungen des Übertritts zu erfüllen, aber geeignet und interessiert wären, mehrere Fremdsprachen zu lernen und wissenschaftsorientierte Bildung aufzunehmen und durchaus »nicht geeignet« sind für die strukturierte Berufsorientierung der Mittelschule?

Sicherlich, es gibt Aufstiegsoptionen nach Klasse 5 und 6, wiederum mit Ziffernnoten in den Fächern Deutsch und Mathe, die eine Wiederholung von Klasse 5 in Realschule oder Gymnasium oder bei entsprechenden Noten auch ein Aufsteigen in die höhere Jahrgangsstufe weiterführender Schulen ermöglichen. Hiermit muten wir den Kindern innerhalb einer sensiblen Reifungsphase am Übergang zur Pubertät ein mehrmaliges Verlassen der Gemeinschaft der Gleichaltrigen sowie – damit verknüpft – des sozialen Umfelds zu. Entwicklungspsychologisch scheint das doch eher bedenklich! Denn das könnte zu Schulunlust und Leistungsverweigerung bei den Betroffenen führen, die dann oft auf die Eltern zurückfällt, da sie ja für ihr Kind die »höhere« Schulart angestrebt haben, statt auf den Rat der »Experten« zu hören und ihr Kind bei der zugeteilten Schulart belassen zu haben. Wir setzen einfach voraus, dass die Ziffernnoten in den drei Fächern der Grundschule, Deutsch, Rechnen und Heimat- und Sachkunde, ein Persönlichkeitsprofil spiegeln und Vorhersagen über Interesse und Neigungen sowie Begabungen liefern könnten. Hier wird wieder einmal deutlich, dass die Schule für die Schule ausbildet und der Sehnsucht der jungen Menschen nach Lebensnähe nicht gerecht wird. Die Fokussierung auf die Ziffernoten, die mit dem Schwerpunkt auf schulischem, abfragbarem Wissen – also Instruktion – einhergeht, lässt keine Rückschlüsse auf Begabungen, Reifungsschritte im Laufe des Heranwachsens sowie auf Motivation und Interessen zu.

In der Realschule und an den Gymnasien sieht es schon viel breiter angelegt aus: Hier können die SchülerInnen von Fremdsprachen über Wirtschaft bis zu Kunst Zweige wählen, die sehr unterschiedlichen Begabungs- und Interessensprofilen gerecht werden. Obwohl die Realschule ursprünglich die Schulart zur Vorbereitung anspruchsvoller Ausbildungsberufe war oder als gute Vorbereitung für den mittleren Beamtendienst galt, bietet sie mit dem Kunstzweig als einzige Schulart ein künstlerisches Hauptfach ab der 7. Klasse an, das an der Fachoberschule mit dem Gestaltungszweig fortgesetzt werden kann und von vielen SchülerInnen – unabhängig von Gedanken an Berufsorientierung – zur Persönlichkeitsbildung genutzt wird: eine unbestreitbar wichtige Aufgabe von Schule überhaupt! Seit die Kollegstufe bei der Einführung des neunjährigen Gymnasiums abgeschafft wurde (und auch bei der Rückkehr zum G 9 wohl nicht in dieser Form wieder aufgelegt wird), kann das Gymnasium nichts Vergleichbares bieten.

Die Zweigwahl an Realschulen und Gymnasien ist freigestellt und nicht an Ziffernnoten in bestimmten Fächern gekoppelt, entspricht also einer echten Wahl aus Neigung und Interesse der SchülerInnen. Hingegen werden MittelschülerInnen auf die Berufsorientierung ab Klasse 5 festgelegt und können ihr schulisches Profil nicht frei wählen, einfach deshalb, weil sie bei der Einstufung im Laufe der 4. Klasse durchs Raster fielen. Warum also nicht die Mittelschule in »Werkrealschule« umbenennen und statt »Berufsorientierung« eine praxisnahe Bildung mit beibehaltenem Klassenlehrerprinzip anbieten, wo Handwerk und Kunst als Schwerpunkt ab der 5. Klasse von gut ausgebildeten Lehrkräften unterrichtet werden? Dann könnte sich die Mittelschule auf der Basis freier Schulprofilwahl zu einem attraktiven Angebot weiterentwickeln. Diese beispielhaft dargestellte Broschüre des Bayerischen Staatsministerium (www.schule-bayern.de) basiert auf einer Utopie der begabungsgerechten Schule, der man gerne anhängt, da es für Politik und Gesellschaft praktisch und einfach ist, anhand von Leistungsnoten der Schule Zuweisungen zu treffen und Schulbiografien festzulegen; die Masse der SchülerInnen lässt sich auf der Basis der angeblich begabungsgerechten Einteilung in Schulformen gut verwalten. Denn leider herrscht die Bürokratie und die vorrangig quantitative Bemächtigung der Schule; die inhaltliche Diskussion findet zwar an den Universitäten und unter den Betroffenen durchaus lebhaft und kritisch statt, findet aber zu wenig Niederschlag in der Schulpolitik.

Die Neuorientierung sollte damit anfangen, Schule als Utopie und ideologisch aufgeladenen Nicht-Ort zugunsten einer Antiutopie aufzugeben, einer Antiutopie, in der Freiheit des Suchens und Fragens vor Ort zugelassen wird, um die Schule von Ballast zu befreien. (Angelehnt an das Bekenntnis zur »Demokratie als Antiutopie« des Journalisten Frank A. Meyer in einer Rede, https://www.deutschlandfunk.de/rede-von-frank-a-meyer-demokratie-als-antiutopie-100.html).

Wie einfach machen es sich die SchulpolitikerInnen und manche ReformpädagogInnen, wenn sie das mühselige und immer wieder neu zu erfindende Geschäft der Pädagogik in einfache Lösungen gießen wollen!

Bessere Lösungen müssen aber ausgehandelt werden, es muss geforscht werden, es gilt ExpertInnen des Fachs und die PraktikerInnen vor Ort zu hören! Die Kultur des Fragens und Suchens nach den besten Lösungen vor Ort unter Einbeziehung aller Betroffenen ist anstrengend, entspricht aber zutiefst dem Selbstverständnis unserer Demokratie. Nicht umsonst wird der Schulpolitik vorgeworfen, ein Residuum der alten Obrigkeitsstaatlichkeit zu sein: Gerne wird dem Schulsystem vorgehalten, es stamme aus dem 19. Jahrhundert. Z. B. jüngst bei einer Reaktion auf die Ratlosigkeit der Schulbehörden, inwiefern die Nutzung von *ChatGPT* die Bewertungsformen der Schulen infrage stellen wird: Die Vorsitzende des bayerischen LehrerInnenverbands, Simone Fleischmann, sprach in diesem Zusammenhang von »old school«. (Vgl. https://www.lehrer-news.de/blog-posts/chatgpt-schummellehrerverband-fordert-ende-des-klassischen-notensystems) Vielleicht ändert sich nur deswegen in Deutschland bisher so wenig, da utopische Reformer auf utopische Rückständige treffen?

Den Freiraum dazwischen können wir nutzen! Dazu müssen wir uns die utopischen Überfrachtungen der Schule abgewöhnen: In der Schule wird *nicht* der neue Mensch gebildet, die Schule kann *nicht* Arbeitskräfte für die Wirtschaft liefern, in der Schule wird es *nie* vollkommene Gleichheit und Bildungsgerechtigkeit geben, Schule kann *nicht* immer Spaß und Freude bereiten, Schule ist auch mit unangenehmen Gefühlen verbunden (für SchülerInnen und Lehrkräfte), da man seine Individualität in eine Gruppe einordnen muss, Schule kann *nie* vollkommen »kindgerecht« sein, da Kinder sehr verschieden sind und unterschiedliche Bedürfnisse haben. Die Liste der utopischen Forderungen und Hoffnungen im Zusammenhang mit Schule ließe sich noch lange fortsetzen.

Würde es nicht eine große Erleichterung bedeuten, wenn alle diese utopischen Forderungen an die Schule wegfallen würden, die darin gipfeln, neue Schulfächer einzuführen, um gesellschaftliche Probleme zu lösen? Also noch mehr Stoff zum Auswendiglernen, noch mehr Fächer unverbunden nebeneinander? So – als ein Beispiel – in der Forderung nach einem Schulfach »Gesundheit«, um dem Problem der zunehmenden Herz- Kreislauferkrankungen aufgrund falscher Ernährung Herr zu werden oder der sogenannten Verfassungsviertelstunde wöchentlich um den Rechtsruck in der Gesellschaft zu stoppen? Vielleicht auch noch das Fach »Klima«, um den Klimawandel in den Griff zu kriegen? SchülerInnen sind Menschen mit Voreinstellungen, Bedürfnissen und einer tiefen Sehnsucht nach Leben und Entfaltung, keine Aktenordner. Statt politische Lösungen im Umgang mit der Nahrungsmittelindustrie anzustreben, wird beim Beispiel »Schulfach Gesundheit« exemplarisch die Schule als Ort der Lösung eines gesellschaftlichen Problems beschworen.

Sicherlich ist das Thema »Gesundheit« sehr wichtig für Schülerinnen und Schüler, es lässt sich projektorientiert und fachübergreifend wunderbar lebensnah unterrichten. Dies wird auch an vielen Schulen umgesetzt, aber eben nicht im Sinne einer utopischen Hoffnung auf zukünftige Problemlösung durch die Einführung eines neuen Schulfachs. Wie sich sinnorientierte und erfahrungsgesättigte Projekte mit den SchülerInnen im Schulalltag umsetzen lassen, dazu später im zweiten Kapitel. ReformpädagogInnen bedienen sich genauso wie die staatliche Schulpolitik und die LehrplanmacherInnen gerne aus dem Topf der Utopien, die sich in wechselnder Gestalt immer neu auflegen lassen – je nach Zeitgeist und politischer wie philosophischer Herkunft der Autorinnen und Schulreformer. In Bayern wurde beispielsweise erst gegen den Willen der Betroffenen das G 9 durch das G 8 ersetzt. Als sich schließlich alle daran gewöhnt hatten, wurde nun beschlossen das G 9 wieder einzuführen, da man feststellen musste, dass sich »der Stoff« – also der gymnasiale Bildungsanspruch – nicht so einfach auf acht Jahre komprimieren ließ. Welche utopische Hoffnung stand hinter der Einführung des G 8? Natürlich, was auch sonst: Schneller die SchülerInnen dem Arbeitsmarkt zuführen, wir brauchen Fachkräfte!

Viele AbsolventInnen des Durchlauferhitzers G 8 waren aber widerständig und bevorzugten einen Freiraum, zum Beispiel mit einem freiwilligen sozialen Jahr oder im Bundesfreiwilligendienst. An den Universitäten sah man sich noch nicht volljährigen Erstsemestern gegenüber und klagte über mangelnde Studierfähigkeit der Spätpubertierenden. Viele gingen gleich den Weg über Realschule und Fachoberschule bis zum Abitur, der dann auch wieder neun Jahre dauerte. Die unrealistischen Hoffnungen an die Einführung des G 8 haben sich nicht erfüllt, also wurde die Rolle rückwärts ins G 9 von oben verordnet, statt in den Gymnasien nachzufragen, welche Ideen die MacherInnen dort haben. Zum Beispiel mehr Projekte und weniger Stoff, sodass sich alles doch in acht Jahren ohne Überfrachtung gut bewältigen lässt, wie es ja in anderen Ländern, z. B. Schweden, gut zu funktionieren scheint? Aber die Würfel sind gefallen, man hat über die Köpfe der Betroffenen hinweg entschieden und hat eine Baustelle geschaffen, in der sich nun SchülerInnen, ihre Eltern sowie Lehrkräfte zurechtfinden müssen und der Entscheidungen zur Ausgestaltung von oben harren. Unter anderem wegen der Wiedereinführung des G 9 wird sich der schon bestehende Lehrermangel an den Gymnasien dramatisch verschärfen. Damit wird der Abbau einer vielfältigen, lebensnahen Bildung Vorschub geleistet, denn ohne Lehrkräfte werden zusätzliche Profilfächer und Wahlangebote reduziert werden müssen, um mit den verfügbaren Lehrkräften überhaupt die Stunden der Vorrückungs- und Prüfungsfächer abzudecken. Auf der Reformerseite forderte z. B. Richard David Precht an prominenter Stelle in der Wochenzeitschrift DIE ZEIT (2013): »Wir müssen utopiefähig werden im Hinblick auf Schule«. Er wollte eine »Bildungsrevolution« anstoßen, die u. a. auf reformpädagogische Forderungen zu Anfang des 20. Jahrhunderts und Ideen von Hartmut von Hentig zurückgriffen. Seine These »Ganztagsschule ermöglicht Bildungsgerechtigkeit« zeigt das Problem mit den Utopien im Bildungsbereich nur zu deutlich. (Precht, Richard David (2013): Anna, die Schule und der liebe Gott: Der Verrat des Bildungssystems an unseren Kindern.)

Die Schule soll also laut Precht nach dem ganzen Leben der jungen Leute greifen. Außerschulische Bildung, die Zusammenarbeit mit schulexternen Partnern, eine Öffnung der Schule nach draußen ins Leben wird so nicht möglich sein! Dem utopischen Wunsch nach Bildungsgerechtigkeit soll die Freiheit und Individualität der betroffenen Kinder und Jugendlichen durch Dauerbeschulung geopfert werden.

Zugang zu Bildung – schulischer und außerschulischer Bildung – für alle gleichermaßen sollte die Forderung sein. Die lässt sich aber auch anders und vielfältiger erreichen als durch Pflicht-Ganztagsschulen! Z. B. durch Bildungsgutscheine an Familien, die sich keinen Instrumentalunterricht, keine Ballett- oder Reitstunden oder andere persönlichkeitsstärkende und entwicklungsfördernde Angebote der außerschulischen ExpertInnen leisten können. Hinter Forderungen nach einer Neuordnung des Systems steckt wohl die Utopie – die sich auch in vielen Reformprojekten findet –, dass eine Revolution des Schulsystems zu glücklichen, immer intrinsisch motivierten, lern- und bildungsbereiten SchülerInnen und immer begeisterungsfähigen Lehrkräften führt. Aber Pädagogik ist anstrengend, oft banal und oft unspektakulär. Phasen des Gelingens wechseln sich mit Phasen des Misslingens und auch des temporären Scheiterns ab, das bedeutet Sisyphusarbeit für SchülerInnen und Lehrkräfte. Angelehnt an Camus dürfen wir uns Sisyphos jedoch durchaus als glücklichen Menschen vorstellen (vgl. Camus, Albert (2020): Der Mythos des Sisyphos), wenn wir uns darauf einstellen, dass nur in der Arbeit vor Ort – in den Schulen selbst – eine Veränderung stattfinden kann.

Die Transformation des Bildungswesens, die gewünschte *Bildungswende jetzt*, sollte von unten und von innen geschehen, statt durch lebensferne Utopien von selbst ernannten Reformern oder von Schulpolitikern jenseits der Praxis. Die neue bundesweite Bildungsbewegung »Bildungswende jetzt!« setzt sich für »Demokratie und Gerechtigkeit, die Individualität und die Würde jedes Menschen, ein solidarisches Miteinander, den Anspruch auf eine selbstbestimmte Zukunft, gleiche Rechte sowie die Umsetzung der Ziele der Bildung für Nachhaltige Entwicklung (BNE)« ein. (Vgl. https://www.bildungswende-jetzt.de/ueber-uns/) Wir brauchen also keine Bildungsgurus und wir brauchen auch keine straff und eng lenkende Kultusbürokratie vom grünen Tisch aus. Von der Weisheit der Praxis und von den Bedürfnissen der Schülerinnen und Schüler auszugehen, würde uns mehr Lebensnähe bescheren. Dazu gehört der Mut zur Veränderung der zugrunde liegenden Haltungen zu Schule und Bildung von Seiten der Lehrkräfte und der Eltern. Die Freiräume sind da, nutzen wir sie!

Kapitel 2

Erlebnisorientierung – Erlebnis als bedeutsames Ereignis für das Lernen

Bei der Ausgestaltung von Schule müssen wir uns zuerst die grundlegende Frage stellen, ob wir Schule als lebendigen Ort der Begegnung und der Welterschließung wahrnehmen oder sie als Institution der Weitergabe eines festgelegten Wissenskanons und der Verwaltung der Alterskohorten der SchülerInnen betrachten. Von dieser Frage aus sollten wir uns dann der jeweiligen Schulwirklichkeit stellen, um von der kritischen Analyse der vor Ort gegebenen Realitäten auszugehen. Von da aus gilt es, Schule als einen Ort weiterzuentwickeln, wo es für alle Beteiligten Möglichkeiten gibt, lebendiges Wissen gemeinsam zu erschließen, neues Wissen zu generieren, Bildungserlebnisse zu ermöglichen, gemeinsam Feste zu feiern, zu leben, zu arbeiten und damit unsere Welt mitzugestalten.

Es geht nicht um eine sogenannte »Schonraumpädagogik«, denn Anstrengung und Leistung aller an Schule Mitwirkenden sind nötig und wichtig. Aber der Leistungsanspruch von Schule kann motivierender und lebendiger vermittelt werden: Denn das gelebte Miteinander der SchülerInnen und Lehrkräfte und aller MitarbeiterInnen sowie sonstiger Beteiligten an der Schulgemeinschaft bestimmt den Wesenskern von Schule; Einfühlung in die Befindlichkeiten der SchülerInnen und das resonante Mitschwingen mit den Wissensinhalten und den zu erwerbenden Kompetenzen verwandeln Anstrengung und Leistung von einer von außen kommenden und fremd bleibenden Forderung zu etwas Lebendigem, das dem eigenen Leben zugehörig empfunden wird. Wir sollten in der Schule weniger Leistungsforderungen stellen, sondern mehr Selbstwirksamkeitserlebnisse ermöglichen! (Vgl. Bandura, https://intra-psychisch.de/das-konzept-der-selbstwirksamkeit-nach-bandura) Denn es ist durchaus machbar, Schule so zu gestalten, dass Bildung und Wissen konstruktiv herausfordern und nicht destruktiv als kalte, leblose und fremde Mächte empfunden werden. Eine

Haltung der konstruktiven Leistungsfreude würdigt die zu Bildenden als lebendige, sich entwickelnde Individuen, als freie Menschen auf dem Weg zu sich selbst, die ihren Platz in der Gesellschaft suchen. Nur wenn es uns auf dieser Basis gelingt, Entfremdung zu überwinden und Bildungsinhalte zu etwas Lebensnotwendigem umzuformen, entwickeln wir in uns und in den SchülerInnen die intrinsische Motivation, die nötig ist, um sich vertieft und nachhaltig, mit Wissen und Bildung auseinanderzusetzen. Langeweile und Gleichgültigkeit sind die Folgen der Entfremdung von Bildung und Schule; warum also nicht Bildungsinhalte und Lernstoff durch neuen Bildungsenthusiasmus beleben?

2.1 Exkurs: Tradition und Neuausrichtungen des Erfahrungslernen

Das Lernen aus Erfahrungen, die an die Lebenswirklichkeit und an die Lebenswelten der SchülerInnen anknüpfen, stellt die konstruktive Herausforderung dar, die wir brauchen, um gemeinsam Bildungsenthusiasmus zu entwickeln.

Erfahrungslernen hat Tradition, sie wurde in den reformpädagogischen Schulen zu Beginn des 20. Jahrhunderts aufgegriffen und gepflegt, um eine Reifung der SchülerInnen an herausfordernden Erfahrungen in und mit der Natur zu stimulieren. Die »Stoff- und Buchschule« galt in den reformpädagogischen Kontexten als lebensfern. Mit erlebnisreichen Angeboten wollte man nicht nur die Schule als Bildungsanstalt reformieren, sondern verstand das auch als Zivilisationskritik – anknüpfend an die jugendbewegten Lebensformen des Wanderns und Singens in der Natur. Man erhoffte, »aus grauer Städte Mauern« fliehen zu können und ein neues natürliches Selbstbewusstsein in den Kindern und Jugendlichen anzuregen; so sollte die Autonomieentwicklung der neuen Jugend gegenüber dem »Kadavergehorsam« des militärisch-preußisch geprägten Staates gefördert werden. (Vgl. hierzu: https://www.dhm.de/lemo/rueckblick/die-gruendung-des-wandervogels-1901.html und Ulrich Herrmann (Hrsg.): *»Mit uns zieht die neue Zeit« – Der Wandervogel in der deutschen Jugendbewegung.* Juventa, München 2006.) Erschreckend, wie bruchlos es dem Nationalsozialismus gelang, diese jugendbewegten und reformorientierten Lebens- und Bildungsformen der Jahrhundertwende im Sinne der totalitären Erziehung zum nationalsozialistisch und linientreuen Jungmann oder Mädel in den 30er-Jahren zu vereinnahmen und zu diskreditieren. Die antiintellektuelle Grundausrichtung so mancher Akteure der Reformpädagogik und der Jugendbewegung leistete dieser Vereinnahmung im Sinne einer Blut- und Bodenromantik sicherlich Vorschub. Aber es darf nicht vergessen werden, dass sich auch Widerstand gegen das menschenverachtende Regime des Nationalsozialismus aus Kreisen der Jugendbewegung rekrutierte, man denke nur an prominentester Stelle an den Kreis der jungen Leute der *Weißen Rose.*

Die unterschiedlich geprägten Traditionslinien der reformpädagogischen Bewegungen sind noch heute – 100 Jahre später – inspirierend für eine Neuausrichtung der Erlebnisorientierung in der Schule. Eine durchaus offensichtliche Parallele gibt es auch zu den neuen Formen der Protestbewegungen, die vor allem von jungen Leuten ausgehen, aber auch generationsübergreifend unterstützt werden, wie z. B. *fridays for future, Ende Gelände, Wald statt Asphalt, Extinction Rebellion* oder *Die letzte Generation.* Angesichts der Zerstörungen durch unsere auf fossilen Energieträgern basierende Art des Wirtschaftens und der politischen Versäumnisse der letzten Jahrzehnte fordern vor allem junge Menschen im Schulterschluss mit der Wissenschaft, eine Umkehr von Politik und Gesellschaft im Umgang mit unseren natürlichen Ressourcen. Jugendliche Waldbesetzer in Baumhäusern beispielsweise setzen sich in ein neues, solidarisches Verhältnis mit der uns umgebenden Natur und markieren damit die Möglichkeit neuer Lebensformen. Mediale Aufmerksamkeit wird bewusst angestrebt, um den Protest gegen die Abholzung von Wäldern zu verstärken, die für den Ausbau von Autobahnen geopfert werden oder für den Braunkohletagebau verschwinden müssen. Wenn auch mittlerweile radikale Protestformen der jungen Menschen, die sich als »letzte Generation« verstehen, für Diskussionen und Kontroversen sorgen, protestiert der überwiegende Teil der jungen Leute friedlich und im Rahmen des Rechtsstaates gegen die beispiellose Zerstörung von Lebensräumen im Zuge der Braunkohleförderung und der Ausweitung des Straßen- und Gewerbeflächennetzes. Im Bewusstsein, die letzte Generation zu sein, die noch etwas ändern kann, bevor der Klimakollaps uns alle trifft, sehen einige junge Leute angesichts der Trägheit der politischen Entscheidungen offensichtlich keine andere Möglichkeit mehr, als zu radikalen, und damit medienwirksamen Methoden zu greifen.

Nach der bundesweiten Razzia auf der Basis des Vorwurfs der Bildung einer kriminellen Vereinigung gegen *Die letzte Generation* im Mai 2023 verschärften sich zunehmend die Fronten, sodass sich der UN-Generalsekretär zu Wort gemeldet hat. Er mahnte, dass die KlimaaktivistInnen einen unverzichtbaren Beitrag dazu geleistet haben, dass das Problem des Klimawandels überhaupt als vorrangiges politisches Thema in der Öffentlichkeit wahrgenommen wird. (https://www.zeit.de/politik/ausland/2023-05/razzia-klimaschuetzer-un-schutz-antonio-guterres)

Ähnlich wie die Jugendbewegung bei dem Treffen auf dem Hohen Meißner 1913 nehmen die jungen AktivistInnen einen übergeordneten moralischen Standpunkt ein: Damals ging es um Freiheit und Selbstbestimmung gegen ein verkrustet empfundenes bürgerliches Establishment (vgl. die Erklärung der Jugend auf dem hohen Meißner). Zum Jahrestag des Freideutschen Jugendtages 2013 kam es zu einem erneuten Treffen auf dem Hohen Meißner. Es nahmen mehrere Tausend junge Leute aus unterschiedlichen Vereinigungen teil, sie verabschiedeten folgende Erklärung:

»*Mit Betroffenheit verfolgen wir den Weg, auf dem die heutige Zivilisation voranschreitet. Die unverantwortliche Zerstörung der Natur, die Vereinsamung der Menschen und die Abkehr von Qualitäten des Lebens gefährden die Existenz der Erde und ihrer Geschöpfe.*

In der Suche nach einem neuen würdigen Weg der menschlichen Kultur sehen wir die Aufgabe eines jeden, der der heutigen Zeit gerecht werden will. Ihre gemeinsame Suche wollen die einzelnen Bünde, Gruppen und Persönlichkeiten im Sinne der Meißner-Formel von 1913 nach eigener Bestimmung, vor eigener Verantwortung und in innerer Wahrhaftigkeit gestalten.« (vgl. http://www.meissner-2013.de)

Hier werden mit der Naturzerstörung und der Abkehr von qualitativen Aspekten des Lebens dieselben Kritikpunkte vorgebracht, die Kernthemen der Ökologiebewegung sind. Es gehört zum Wesenskern einer gelebten Demokratie, dass couragierte Menschen in Nichtregierungsorganisationen politisch vernachlässigte Themen ins Zentrum der Öffentlichkeit rücken, damit politische Handlungsbereitschaft entsteht; KritikerInnen der Proteste sollten sich fragen, ob sie diese Form der couragierten, demokratischen Zivilgesellschaft unterstützen oder womöglich autokratische bzw. obrigkeitsstaatliche Regierungsmodelle mit der Folge favorisieren, dass das Bekenntnis zur Demokratie zum Lippenbekenntnis verkommt.

Den jungen AktivistInnen der »letzten Generation« geht es um den Erhalt der Lebensgrundlagen der Menschheit angesichts einer Wirtschaftsform und seiner VertreterInnen, die weiterhin auf quantitatives ökonomisches Wachstum durch Ausbeutung der planetarischen Ressourcen setzt. Sie setzen sich nicht für ihre persönlichen Belange ein, sie demonstrieren nicht, um Besitzstände zu wahren oder eigene Interessen durchzusetzen, sondern für übergeordnete Belange des Allgemeinwohls. Damit unterscheiden sie sich grundlegend von den Protesten z. B. der LandwirtInnen in der EU, denen es gelang, bei den politischen Akteuren mit weitreichenden Protestaktionen ihre Interessen durchzusetzen. Umweltstandards wurden umgehend gelockert, der Green Deal wurde aufgeweicht. (Vgl. https://www.deutschlandfunk.de/europaweite-bauernproteste-eu-kommission-100.html)

Die aktivistischen Methoden der jungen Leute, die sich für ein Umsteuern der Politik angesichts des Klimawandels engagieren, ist vergleichbar mit denen der Frauen in England und den USA zu Anfang des 20. Jahrhunderts, die im Rahmen der sogenannten Suffragettenbewegung für das Wahlrecht für Frauen gekämpft haben. Damals wie heute scheint offensichtlich nur der Weg über rigorose Protestformen zu den übergeordneten Zielen zu führen: Damals ging es um das allgemeine Wahlrecht für Frauen, heute um die Transformation zu einer ökologischen und verantwortlichen Wirtschaftsweise.

In und mit der Natur zu leben, eine neue Art der unmittelbaren Naturerfahrung, war ein starker Antrieb der Jugendbewegung der letzten Jahrhundertwende; auch damals schon entsprach dies einer Zivilisationskritik an der zunehmenden Natur- und Selbstentfremdung im Zeichen der Industrialisierung. Aber heute sucht der überwiegende Teil der neuen Protestbewegungen den Schulterschluss mit der Wissenschaft. Dies ist ein wesentlicher Unterschied zu dem weit verbreiteten antiintellektuellen und romantisierenden Gestus in der Jugendbewegung der letzten Jahrhundertwende, die zur Mystifizierung einer vorgeblich heilen Naturverbundenheit in der Vergangenheit neigte – unter Ausblendung der Gesellschafts- und Wirtschaftsformen und der jeweiligen Machtverhältnisse. Damals trieb die jungen Leute die Sehnsucht nach Leben hinaus in eine verklärt wahrgenomme Natur, man wollte den als verkrustet empfundenen Verhältnissen in der Schule und Gesellschaft entfliehen und suchte lebensechte, herausfordernde Erlebnisse beim Wandern in möglichst unberührter, unzerstörter Natur.

Die sogenannte »Outdoor Education« greift die Suche und Sehnsucht nach authentischen Erfahrungen in der Natur auf; »sie vermittelt das Erleben von sich selbst, von anderen und von der Umgebung durch die Begegnung mit Lerngegenständen in authentischem Kontext«. (Vgl. v. Au, Jakob und Gade, Uta, Hrsg. (2016): »Raus aus dem Klassenzimmer«, Outdoor Education als Unterrichtskonzept.) Die Gegebenheiten unserer Schulen im 21. Jahrhundert zeigen, dass der Bereich des Erfahrungslernens nach wie vor keine große Rolle spielt, in Deutschland wird ihm vor allem im Sekundarschulbereich kaum Aufmerksamkeit zuteil. Schule als Institution hat ihren Schwerpunkt immer noch in der Ausrichtung des Unterrichts an der Anpassung an die konventionellen Wirtschafts- und Lebensformen und – seit einiger Zeit zunehmend hektisch mit großem Reformdruck artikuliert – an den sich rasant entwickelnden digitalen Kapitalismus, der als alternativlose neue smarte Lebenswelt den einen als wünschenswerte Utopie, den anderen als menschenverachtende Dystopie erscheint. Gerade der Wirtschaftsliberalismus meint hier Vorreiter einer Fortschrittsvision sein zu müssen, die sich in dem Wahlslogan der FDP »Digitalisierung first, Bedenken second« bei der Bundestagswahl 2021 an populistischen Sprechakten orientierte, die sich jeder demokratischen und kritischen Abwägung auf der Basis der Grundwerte unserer Gesellschaft entzogen.

Reflektierter wirken da diejenigen jungen Menschen, die ihre Smartphones zu Hause lassen, wenn sie im Wald gegen Naturzerstörung gewaltlos protestieren, da ihnen bewusst ist, dass das smarte Gerät zur Überwachung und Identifizierung eingesetzt werden kann.

Auch bei Verantwortlichen in Schulen regt sich gegenüber dem digitalen Zukunftsszenario Kritik und Widerstand. So verlangte Wolfgang Schimpf, als Schulleiter des Max-Planck-Gymnasiums in Göttingen und Vorsitzender der niedersächsischen Direktorenvereinigung, mit dem angedachten Pflichtfach Informatik auch ein Pflichtfach Philosophie am Gymnasium, weil er annimmt, dass in diesem Fach der Ort wäre, die zentralen Lebensfragen zu stellen – »Was kann ich wissen? Wie soll ich handeln? Was ist schön?« Um dann bei der Suche nach Antworten in diesem Fach auch das Wichtigste infrage zu stellen, »den letztlich totalitären Anspruch digitaler Erfassung«. (Vgl. https://www.sueddeutsche.de/bildung/digitalisierung-der-schulen-nachdenken-first-1.4223646, 29. November 2018) Dieses sehr berechtigte Anliegen zeigt wieder deutlich die Verwerfungen der deutschen Schullandschaft: Das Fach Informatik am Gymnasium ist überfällig, um kritisch und kompetent mit den überall verfügbaren digitalen Medien umgehen zu lernen und wird an vielen Schularten unseres differenzierten Systems schon seit Jahren mit wachsender Stundenzahl unterrichtet. Die Forderung der Ergänzung durch das Fach Philosophie, um den Fragen des guten Lebens nachzuspüren und der totalitären Unterwanderungen mit den Mitteln der Aufklärung zu begegnen, ist aber durchaus für alle SchülerInnen zu fordern, egal welche Schulart sie besuchen! Philosophie als Metafach, das der Selbsterkenntnis dient und das Denken schult, das Sinnfelder mit unvoreingenommenem Denken erforscht und damit hilft, Ideologien als solche zu durchschauen, kann helfen, den Platz des Menschen in der Welt neu und besser zu verstehen. (Vgl. hierzu auch Gabriel, Markus (2023): Warum es die Welt nicht gibt.)

Die Schulleiterin Silke Müller aus Niedersachsen hat zu diesem Thema das schon genannte Buch »Wir verlieren unsere Kinder« verfasst, das sich als Weckruf an alle Verantwortlichen versteht. Allerdings wird die Thematik hier nicht vor dem Hintergrund des Verlustes lebendiger Erfahrungen im schulischen Alltag und dem digitalen Freizeitverhalten der Kinder und Jugendlichen thematisiert, sondern die Autorin, Digitalbotschafterin des Landes Niedersachsen, geht von der Alternativlosigkeit der digitalen und vernetzten Welterschließung aus. Von daher ist ihr Weckruf zwar sehr wertvoll, um sich als Gesellschaft darüber zu verständigen, mit welchen Inhalten wir die Kinder im Netz konfrontiert sehen wollen; aber wenn wir uns aufraffen, wirklich neue, kreative Wege einzuschlagen, sollten wir diese Überlegungen um die grundsätzliche philosophisch inspirierte Frage, wie wir leben wollen, ergänzen.

Ihre Forderung nach gesetzlicher Regulierung der Altersbeschränkung der Smartphone-Nutzung ab 16 Jahren beispielsweise wird nicht ausreichen, solange wir nicht der Sehnsucht junger Menschen nach einer erfahrungs- und sinngesättigten Lebensumwelt in Schule und Familie nachkommen. Was bei den Überlegungen angesichts einer oft unkritisch geforderten Digitalisierung an Schulen fehlt – und damit führe ich zurück zum Ausgang – ist die Anerkennung des Wertes des Erfahrungslernens, welches die Basis für Aneignung von Wissen, Reifung der Persönlichkeit, für nachhaltiges Lernen und Bildung bietet. Denn was ich wissen kann, wie ich handeln soll und was schön ist, muss ich zuerst erleben, bevor diese Fragestellungen wirksam werden können. Auch in einer digitalen Kultur sollte es einen Raum geben für Erlebnisse und Erfahrungen jenseits der digitalen Vermittlung. Es gibt ein Recht auf analoges Leben. Wissensvermittlung – ob analog oder digital – bleibt oft wenig nachhaltig im Kontext Schule – es geht im Kern um abfragbares Wissen für den nächsten Test.

Ich plädiere hier also, vor allen anderen pädagogischen und didaktischen Überlegungen dafür, dem Erfahrungslernen einen festen und bedeutenden Platz in der Schule, d. h. in allen Schultypen des differenzierten Systems, einzuräumen. Das sind wir unseren Kindern und Jugendlichen schuldig, damit sie dem schulischen Lernen einen lebensnahen, und damit tieferen Sinn abgewinnen können. Es geht darum, über den »Regenbogen des Erlebens« im Ringen »mit der (auch) widerständigen Welt« einen sinnhaften Zusammenhang in der Schule erfahren zu dürfen. Das geht weit über die Zerstückelung in schulisch konstruiertes Wissen in den Schulfächern hinaus und lässt tiefere Zusammenhänge erfahrbar und erkennbar werden. (Vgl. Bohnsack, Fritz (2016): Sinnvertiefung im Alltag. Ausblick auf Sinn-Probleme der Jugend und der Schule.) Angesichts der von Schulleiterin Silke Müller geschilderten Verrohung in den sozialen Netzwerken und den digitalen Welten einerseits und einer wettbewerbsorientierten Schule andererseits fehlt es vielen jungen Menschen zunehmend an Motivation, sich in dieser Welt einzuleben und sich einzubringen. Die Freude am Leben ist bei Kindern und Jugendlichen teilweise nachhaltig zerstört, Schulabsentismus und klinische Depressionen sind an der Tagesordnung.

Was also ist zu tun? Statt SachwalterInnen der Bildungspolitik können Lehrkräfte zu LebensermöglicherInnen in »Treibhäusern der Zukunft« (Reinhard Kahl) werden. Dieser Prozess hat schon angefangen, wir müssen ihn nur konsequent fortführen, unterstützen und politisch einfordern! (Vgl.

https://deutsches-schulportal.de/expertenstimmen/jenseits-der-faecher-warum-well-being-mehr-beachtung-verdient) Praktische und theoretische Anregungen für Outdoor Education findet man z. B. im *European Institute for Outdoor Adventure Education and Experiential Learning.* (Vgl. www.eoe-network.eu) Dazu sind alle Mitwirkenden und Betroffenen im System Schule aufgerufen: jede Lehrkraft, die SchülerInnen und ihre Eltern, eine am Menschen und seinen Bedürfnissen orientierte Bildungswissenschaft sowie die Schulpolitik. Wir alle müssen uns auf den Weg machen, um eine befreiende Verlebendigung von Schule zu ermöglichen. Digitalisierung mag als ein Medium neben anderen Medien dazu ein hilfreiches Werkzeug sein, aber wir dürfen uns nicht mit Fragen der technischen Ausstattung und der digitalen Tools der Schulen zufriedengeben, sondern sollten uns immer wieder neu und intensiv mit den zugrunde liegenden pädagogischen und philosophischen Fragen auseinandersetzen.

Im Zuge der neuesten Entwicklungen im Bereich der sogenannten künstlichen Intelligenz werden auch neue Verunsicherungen spürbar: Die einen warnen vor der Bedeutungslosigkeit der menschlichen Intelligenz angesichts der neuen technischen Möglichkeiten, die anderen mahnen, sich darauf zu besinnen, was menschliche Kreativität und Erkenntnisvermögen wirklich ausmachen. Die Vorsitzende des bayerischen LehrerInnenverbands Simone Fleischmann startete in diesem Zusammenhang einen Generalangriff auf die Testmaschinerie der Schule und fordert eine grundlegende Reform des Notensystems. Statt auswendig gelerntes Wissen wiederzugeben, sollte das Prozesslernen in den Mittelpunkt rücken. (Vgl. https://www.lehrer-news.de/blog-posts/chatgpt-schummel-lehrerverband-fordert-ende-des-klassischen-notensystems)

Die handlungsleitende und tragende pädagogische Basisfrage sollte daher sein: Wie gelingt der Schule der Brückenschlag zwischen institutionalisiertem, gesellschaftlich gefordertem Bildungs- und Kompetenzanspruch auf der einen Seite zur je individuellen Lebenswelt der Kinder und Jugendlichen auf der anderen Seite. Auf der Brücke zwischen diesen beiden Bereichen könnte der Weg zu einer Schule liegen, die Erfahrung zum Ausgangspunkt einer belebenden Neubestimmung von Wissens- und Lebenskompetenzerwerb macht. Lehrkräfte können Brückenbauer sein!

2.2 Fragehaltung, Neugierde und Wissensdurst: Ausgangspunkt der Motivation für Bildung

Was treibt Kinder an zu lernen? Die natürlichste Antwort auf diese Frage ist jedem klar, der Kinder kennt und mit ihnen Umgang hat, bevor sie die Schule durchlaufen: Kinder sind neugierig, sie wollen verstehen, was um sie herum vorgeht, das Leben wirft ihnen Fragen auf, sie suchen die Antworten selbst durch begreifendes Handeln oder durch Nachfrage bei den vertrauten Personen ihres Umfelds. Wie wäre es, wenn Schule also von Fragen ausgehen würde, nicht von fertig gelieferten Antworten?

In seiner Entwicklungspsychologie hat Jean Piaget gezeigt, dass Menschen danach streben, ihr Verhalten und Denken zu organisieren und sie der Umwelt anzupassen (vgl. Piaget, Jean: Meine Theorie der geistigen Entwicklung. Hrsg.: Fatke, Reinhard. (2016). Wird der Unterricht so umstrukturiert, dass dabei, so oft es möglich ist, von echten, lebensnahen Fragestellungen ausgegangen wird, kann sich das Verhalten und Denken der SchülerInnen an eine offene und aktive Fragehaltung anpassen. Dabei werden die vorhandene Neugierde und der Wissensdurst gefördert und anhand der Sachthemen in der Schule zu einer weiterführenden Erkenntnislust entwickelt.

Diese Anpassungsleistung an die Unterrichtskultur einer Schule kann jeder beobachten, der SchülerInnen aus unterschiedlichen Schulen im Unterricht erleben darf. Bei uns an der Herder-Schule kommen oft Wechsler aus staatlichen Schulen in höhere Klassen (Jahrgangsstufe 8, 9), die erst nach und nach realisieren, dass es hier keine »dummen« Fragen gibt; selbst provozierende Fragen werden ernst genommen, es wird auf die Haltung hinter der Frage eingegangen. So spüren bald alle SchülerInnen, dass eine aktive Fragehaltung den Unterricht nur weiterbringen kann, denn es liegt dem Unterricht an der Herder-Schule eine gelebte Kultur der Begegnung zugrunde, in der alle im wechselseitigen Respekt ernst genommen werden. Disziplin wird dann eine gemeinsame Aufgabe, die nicht durch Androhung von Disziplinarmaßnahmen von oben umgesetzt werden kann. Das Wagnis der Auflösung der Fixierung von Lehr-Lernprozessen auf vorgegebene Zwecke gleicht der Überwindung einer Haltung der Indoktrination gegenüber den SchülerInnen.

Indoktrinierender Unterricht zerstört allzu oft die produktive Selbsttätigkeit der SchülerInnen, die sie brauchen, um sich motiviert und nachhaltig mit den Themen des Unterrichts auseinanderzusetzen. Eigentlich kann keine Lehrkraft wollen, dass das Unterrichtsgeschehen den SchülerInnen fremd bleibt, aber dennoch wirkt gerade diese Entfremdung oft gegen ein gedeihliches Miteinander und ein wirklich nachhaltiges Lernen in der Schule, zumal wenn dann noch auf ein sich entwickelndes Motivationstief oder eine sinkende Anstrengungsbereitschaft der SchülerInnen mit Disziplinarmaßnahmen und Abschulung reagiert wird. Stattdessen sollten wir beziehungsorientiert und dialogisch arbeiten. Autorität durch Beziehung (nach Haim Omer, 2016) setzt die Bereitschaft der Lehrkräfte voraus, sich selbst in ihrem pädagogischen Handeln zu hinterfragen, sich auf die seelischen Bedürfnisse und die Anliegen und Fragen der SchülerInnen einzulassen und dabei mit wacher Präsenz und Souveränität Bildung und Wissen zu vermitteln.

Die Eigenaktivität der SchülerInnen ist zentral für den Unterrichtsprozess, so verwirklichen wir es an unserer Schule, aber sie sollte an allen Schulen in den Mittelpunkt gerückt werden: Die SchülerInnen sind dann Entdecker neuer Welten – der Lebenswelten der MitschülerInnen, der Sachwelten der Schulfächer, der philosophisch-hermeneutischen Hintergründe der Sachwelten, die es miteinzubeziehen gilt. Eine allseits beliebte Metapher eignet sich als Inspiration für diesen Prozess der Selbstermächtigung: »Wenn Du ein Schiff bauen willst, so trommle nicht Menschen zusammen, um Holz zu beschaffen, Werkzeuge vorzubereiten, Aufgaben zu vergeben und die Arbeit einzuteilen, sondern lehre die Menschen die Sehnsucht nach dem weiten endlosen Meer.« (Das Zitat wird Antoine de Saint-Exupéry zugeschrieben.)

Umgedeutet auf die Schulpädagogik könnte man formulieren: Wenn du SchülerInnen für deinen Unterricht motivieren willst, dann trete in eine lebendige Beziehung zu ihnen, wecke ihre Neugierde, indem du ihnen den Sinn und die Hintergründe deines Fachgebietes eröffnest und lehre sie die Sehnsucht nach einem lebendigen, sinnerfüllten Lernen und Leben. Ein solcher Unterricht lässt eine Diskursstruktur zu, die den Unterricht belebt. Die SchülerInnen erfahren im täglichen Umgang mit ihren Lehrkräften, dass ihr Engagement und ihre innere und äußerlich sichtbare Beteiligung ein Teil des Unterrichts sind und dass sie den Unterricht durch ihre Fragen und individuellen oder kokreativen Erkenntnisse auch spontan in eine neue

Richtung führen können. Diese Spontaneität des denkenden und erkennenden Subjekts wird nicht als Störfaktor wahrgenommen und bewertet, sondern als unverzichtbare Voraussetzung für einen lebendigen Unterricht. Introvertierte SchülerInnen werden zum Mitdenken aufgefordert und miteinbezogen, ohne dass ihre zurückhaltendere Art zu Nachteilen in der Bewertung führen würde, was die Bereitschaft erhöht, sich einzubringen. Dies setzt selbstverständlich voraus, dass Unterrichtsbeiträge der SchülerInnen grundsätzlich bewertungsfrei sind, denn ständige Zensierung untergräbt die Offenheit, sich unvoreingenommen und fehlertolerant mit Fragestellungen des Unterrichts zu beschäftigen.
In keiner anderen Bildungsinstitution – weder im Studium, noch in der Ausbildung, noch im Berufsleben – wird potenziell jede Äußerung der Betroffenen der Bewertung unterzogen. Die Bewertung von Mitarbeit als kleiner Leistungsnachweis sollte nie über unbestimmte Beobachtungszeiträume im Unterricht erfolgen. Auch wenn das zwar manch einer überforderten Lehrkraft entlastend erscheinen mag, beinhaltet diese Form der Bewertung keinerlei Aussagekraft über objektive Leistungsbereitschaft von SchülerInnen. Um wie vieles inspirierender und transparenter für alle Beteiligten ist es doch, über Referate mit Präsentationen, Plakatgestaltungen, Teamprojekte und vorbereitete Unterrichtsbeiträge Leistungsnachweise zu generieren, die echte Leistungen bewerten und nicht generell den extrovertierten Leistungstyp bevorzugen, der sich erfolgreich dem Bewertungsschema der Schule angepasst hat, indem sie oder er sich als allzeit aufnahmebereit und wiedergabewillig zeigt.

Bei einer Lehrerfortbildung zum Thema Leistungsmessung an der Universität habe ich es als sehr irritierend empfunden, dass alle Leistungen im Sinne von Projektarbeiten, Referaten und Präsentationen von SchülerInnen als »alternativ« eingestuft werden, während die Erbringung von mündlichen Noten durch Beobachtung und die schriftlichen Nachweise der unangesagten Stegreifaufgaben und der angesagten Schulaufgaben, also die Wiedergabe von festgelegten Schulstoff-Formaten mit Musterlösung, als objektivierender Standard der Leistungsmessung vermittelt wurden.

Hier zeigte sich, dass in der Schule immer noch für die Schule gelernt wird, statt für das Leben, und dass SchülerInnen auf schulische Wissensformate ohne Mehrwert für das Leben geradezu abgerichtet werden. Dabei lassen die Schulverordnungen hier der einzelnen Lehrkraft und der einzelnen Schule Spielräume für die Formate der Leistungserbringung, die es einfach nur zu nutzen gilt! (Vgl. PÄDAGOGIK 9'17/Leistungsbewertung und Vielfalt) Statt fremd bleibendes Wissen in die Kinderköpfe einzufüllen, könnten wir doch von den kindlichen Alltagstheorien ausgehen und diese individuell und stufenweise mit ihnen gemeinsam in echte Erkenntnisse umformen und weiterentwickeln. Eine wichtige Methode des Ausgangs aus der unverschuldeten Unmündigkeit wäre dabei die Vermittlung von wissenschaftlicher, evidenzbasierter Arbeit in kleinen Schritten anhand der Weiterentwicklung der Alltagstheorien der SchülerInnen. Bei dieser Überlegung geht es ausdrücklich nicht um eine Ideologie der Genialität des Kindes, die um die letzte Jahrhundertwende gerne gepflegt wurde und in manchen reformpädagogischen Schulkonzepten ihren Niederschlag bis heute gefunden hat. Nicht jedes Kind kann sich automatisch alleine und selbständig anhand von Materialien Wissen erschließen. Didaktisch und pädagogisch geschulte Menschen sind beileibe nicht nur Beistand als Lernbegleiter bei der Entfaltung der Genialität des Kindes. Dies kann zu einer impliziten Überforderung der SchülerInnen führen.

Die Aneignung von komplexem und abstraktem Wissen oder von hoch entwickelten Kompetenzen in Wissenschaft, Kunst, Musik oder Sprache geschieht eben nicht nach einem geheimen Bauplan im Kind, der sich von alleine entfaltet, wenn man nur behutsam anregt, sondern verläuft höchst individuell und bedarf der intensiven Förderung, Stimulation und einfühlsamen Führung. Deswegen die kleine Spitze gegen Kant: Die »Unmündigkeit« des Kindes und so manches Erwachsenen ist nicht »selbstverschuldet«, sondern hängt von vielfältigen Faktoren ab, wie dem Entwicklungsalter, seelischer und menschlicher Reife, Sozialisationsfaktoren und zu einem beträchtlichen Teil auch von früher Förderung. Ein aufklärerischer Impuls in Pädagogik und Didaktik ist hilfreich, um überkommene und wiedergängerisch auflebende Fehleinstellungen gegenüber SchülerInnen und der Institution Schule zu überwinden. Dazu brauchen wir eine kritische Bildungswissenschaft, die einen wesentlichen Anteil der Lehrerbildung ausmachen sollte. Wie wäre es, also mehr reaktiv – statt fordernd aktiv – mit der Fragehaltung der Kinder umzugehen? Also eher die spontanen Erfahrungen und Erlebnisse von Kindern aufzugreifen und mithilfe der Schulfächer auszudifferenzieren, statt ihnen zu vermitteln, dass sie sich an einem geforderten Kanon des schulischen Wissens abarbeiten müssen und sich dabei in die Gefahr begeben, sich selbst dabei fremd zu werden sowie sich der Welt zu entfremden?

Schulunlust bis hin zu Schulverweigerung sind die Folgen einer Überfütterung mit schwer verdaulichen Lehrplan- und Kompetenzforderungen, die ohne Ansehen von Begabungen und Vorlieben festlegen, was zu welchem Zeitpunkt zu leisten ist. Unter dem Stichwort »Lehrplankonformität« (alle sollen das Gleiche zur gleichen Zeit lernen) meint man Bildungsgerechtigkeit zu üben und verliert doch die Kinder an normierte Wissenserwerbs-Schritte, die SchülerInnen – wie an Marionettenfäden – Schritt für Schritt gehen sollen, ohne dass sie bei sich ankommen oder die geforderten Kompetenzen in den vielen Fächern der Schule wirklich erreichen. Dass aber Kinder und Jugendliche je eigene Reifungszeiten haben, dass sich erstaunliche Schritte vollziehen, wenn man sich Zeit lässt und beharrlich und emphatisch weiterbildet, wird zu oft dem nächsten, nicht erreichten Klassenziel und dem drohenden Ausschluss geopfert, der dann zu endgültiger Frustration durch »Abschulung« führt, was wiederum gar nicht einer vorgeblichen Bildungsgerechtigkeit entspricht, trifft doch dieses Schicksal überdurchschnittlich häufig SchülerInnen aus Nicht-AkademikerInnen-Familien.

Wir können es uns aber als Gesellschaft nicht leisten, so kalt und lieblos mit unseren jungen Menschen umzugehen. Ich bin überzeugt, dass es nicht unsere Absicht sein kann, Potenziale zu verschleudern und Lebenswege zu versperren, die dann von Jugendhilfe und Jugendpsychiatrie teuer und aufwändig mit wechselndem Erfolg wieder in Ausbildungs- und Bildungswege umgewandelt werden sollen! Wenn die Fragehaltungen der Kinder und Jugendlichen und ihr Erlebnishunger gepflegt und aufgegriffen werden und dies eine wesentliche Basis des Unterrichts werden soll, heißt das aber nicht, auf Verbindlichkeiten bei den Bildungszielen zu verzichten.

Ein Schulleiter eines Gymnasiums hatte bei einer Tagung zum Thema Bildung gefordert, »Bildung als geistigen Prozess« zu verteidigen. Als Vertreter der gymnasialen Bildung propagierte er damit unbewusst den typisch exklusiven und elitären Anspruch des deutschen Gymnasiums. Weniger abstrakt wurde diese Haltung gegenüber SchülerInnen seitens eines Oberstudienrates eines bayerischen Gymnasiums in dem Satz geäußert, die SchülerInnen sollten sich gefälligst anstrengen, seien sie ja als Gymnasiasten allesamt die zukünftigen Fach- und Führungskräfte. So geschehen im Leistungskurs Deutsch meiner Tochter in den 00er-Jahren.

Diese Art von Verbindlichkeiten in Bildungsfragen gehörten endlich überwunden, entsprechen sie doch dem Selbsterhöhungskonzept der Institution Gymnasium in der Tradition einer ständischen Elitebildung. Aber es könnte auch eine andere Verbindlichkeit geben, die sich an dem Anspruch der Fächer und ihrer Fachdisziplinen ausrichtet und zur Aneignung einer wissenschaftlichen oder künstlerischen Arbeitsweise stimuliert und inspiriert.

Auch hier ein Beispiel, diesmal aus meiner eigenen Schulzeit: In den 70er-Jahren gab es ein Programm an bayerischen Gymnasien, das zum Erlernen eines Streichinstruments inspirieren sollte.

Durch Zufall hatte mein Schwager sein Cello bei uns abgestellt. Ich nahm es zur Hand, spielte damit und versuchte, ihm Töne zu entlocken. Es gefiel mir, auch wenn es sehr kratzig klang. Kurze Zeit später fragte unsere Schulmusiklehrerin, ob in unserer Klasse Interesse bestünde, Cello zu lernen, es gäbe einen freien Unterrichtsplatz. Ich meldete mich, meine Eltern musste ich nicht fragen, da das Programm implizierte, dass der Unterricht kostenlos ist und das Instrument gestellt wird. Einzige verbindliche Bedingung: Man musste von Anfang an im Schulorchester mitspielen. Durch das Angebot der Schule wurde mein fragendes und suchendes Experimentieren mit dem Instrument in einen verbindlich gestalteten Lernprozess überführt, der gestützt durch die Gemeinschaftserfahrung des Spiels im Schulorchester von Anfang an eine lebendige Bereicherung meiner Schullaufbahn darstellte. Selbstverständlich wurde vorausgesetzt, dass man regelmäßig und intensiv genug übte, um den Anforderungen des Orchesterspiels gerecht zu werden, eine Verbindlichkeit, die in der Sache selbst lag und keiner Notengebung bedurfte!

»Hilf mir, es selbst zu tun«, dieser Wahlspruch der Montessoripädagogik hieß hierbei: Stelle mir das Material – das Musikinstrument – kostenlos zur Verfügung und einen Instrumentallehrer an die Seite, der mich in die Welt des Cellospiels kompetent einführt sowie die nötige Konsequenz besitzt, dass ich mich dem durchaus mühseligen Übe- und Lernprozess kontinuierlich unterziehe. Anknüpfend an die Aussage des Gymnasialrektors könnte man dazu sagen: Musik und Kunst als künstlerischen Prozess verteidigen! Leider existiert das Programm nicht mehr, das die Bildungsungerechtigkeit, die der musikalischen Bildung anhaftet, ein klein wenig aufgefangen hatte. Das Erlernen eines Instruments ist hochgradig von der finanziellen Ausstattung des Elternhauses abhängig. Und so bleibt die musikalische Begabung und die künstlerische Ausdruckslust vieler SchülerInnen auf der Strecke oder wird mit wenig anspruchsvollem oder gar nur theoretisch bleibendem Musikunterricht schnell ermüdet. Nicht umsonst findet man anspruchsvolle Schulorchester mit hoher Qualität, Big Bands und Chöre hauptsächlich an Gymnasien, vielleicht noch an der einen oder anderen Realschule, an Mittelschulen in der Regel gar nicht. Gerade beim Überangebot im Social-Media-Bereich (TikTok, youTube u. ä.) wäre es unverzichtbar, schon in der Grundschule – ausgehend von dem fragenden und suchenden Ansatz der Kinder – den Horizont der ästhetischen Erfahrungen zu erweitern.

Wo ist der Grundschullehrer, der täglich mit seinen SchülerInnen singt, wo die Lehrkraft der Mittelschule, die selbstverständlich jedes Jahr Theaterprojekte durchführt, wo ist die Lehrkraft an der Realschule, die es sich vornimmt, gemeinsam mit der Musiklehrkraft ein Musical auf die Beine zu stellen, zu der die SchülerInnen den Text und die Handlung selbst erfinden? Dies alles geschieht an Schulen, aber es sind zu oft seltene Leuchtturmprojekte, die in den allermeisten Fällen nicht jedes Jahr und selbstverständlich für alle SchülerInnen das Schulleben prägen!
Auch dazu ein Beispiel aus der eigenen Erfahrung, diesmal aus der Grundschulzeit unserer beiden älteren Töchter: Der Schulleiter der kleinen Schule auf dem Land in Baden-Württemberg, die unsere Töchter insgesamt vier Jahre besuchen durften, sorgte an dieser Schule dafür, dass jedes Jahr Theaterstücke und Musicals aufgeführt wurden, er selbst war nicht nur Rektor und Klassenleiter sondern auch Musiklehrer und förderte auch die kreative Arbeit in seinem Kollegium, indem er z. B. als Keyboardspieler zur Verfügung stand, um die Kinder bei den zahlreichen Aufführungen zu begleiten.

Nach einem Schulwechsel von einer sehr konventionellen Grundschule ohne Schulleben aber mit großer Strenge, was Beurteilung und Notengebung anbelangte, und einem zweijährigen Ausflug in die Waldorfpädagogik mit ästhetisch vorgegebenen Formen, die sich nicht an den individuellen Bedürfnissen und Fragestellungen der Kinder orientierte, sondern an der Menschenkunde Rudolf Steiners, wirkte die Prägung dieser Schule durch den kreativen Schulleiter für die ganze Familie wie eine Befreiung nach den fragwürdigen Erfahrungen zuvor. Sie bedeutete einen enormen Motivationsschub für unsere Kinder: Plötzlich war Schule das, was sie sein kann – ein Ort der Begegnung und ein unvoreingenommener Ort des Lernens auf vielen Gebieten, wo Freude und Motivation täglich erlebbar waren. Schulunlust oder Ängstlichkeit in der Gruppe bauten sich bei unseren Kindern nach und nach sehr sichtbar ab; die Atmosphäre der Schule verstärkte die Bereitschaft, sich den schulischen Anforderungen zu stellen. Auch hier wurden Noten gegeben und es wurde durchaus konfliktbehaftet über den Übertritt entschieden, aber das spielte eine untergeordnete Rolle, weil die Persönlichkeit der Kinder ernst genommen wurde und sie tagtäglich bei Projekten erleben konnten, dass es auf *sie* ankommt.

Ohne Motivation wird Schule zur Qual. Eine wachsende Zahl von SchülerInnen hat deswegen mit Schulunlust bis hin zum Abbruch des Schulbesuchs zu kämpfen. Warum quälen wir unsere Kinder und Jugendliche und damit auch uns selbst – uns als Lehrkräfte und uns als Eltern –, wenn es doch möglich und erlebbar ist, sie auf dem Weg ins Leben dadurch zu fördern, dass wir sie als junge Menschen in der Entwicklung auf der Suche nach ihrem ganz persönlichen Weg wahr- und ernst nehmen?

Unser altgedienter Grundschullehrer, der nach dem letzten Jahr unserer Tochter in Pension ging, hat es vorgemacht: Wir brauchen nicht in erster Linie eine überbordende technische Ausstattung an Schulen, wir brauchen nicht noch mehr Fächer und noch mehr Stunden für Informationstechnologie (zumal das informationstechnologische Wissen von heute, morgen schon veraltet sein kann!), wir brauchen nicht in erster Linie frisch ausgebildete Lehrkräfte mit neuen digitalen Kompetenzen, wir brauchen keine Bildungsgurus, die alles besser wissen. Wir brauchen zuallererst eine Haltung des Respekts gegenüber dem Wissens- und Erfahrungsdurst der Kinder und ihrer Gestaltungslust – von diesem Ausgangspunkt kann sich guter und motivierender Unterricht entfalten, von diesem Ausgangspunkt wird die Schule ein bejahter und erfreulicher Lebensbestandteil von Familien. Ein professioneller Schulterschluss von Bildungswissenschaften, Instituten der Lehrerfortbildung und die Zusammenarbeit mit anderen Disziplinen könnte dieser Haltung gegenüber den Heranwachsenden in den Schulen einen enormen Schub verleihen.

Schule bleibt Schule, aber wir können sie besser machen! Dabei müssen wir die vorhandene Neugierde, den Wissensdrang und die Kreativität der Kinder als Ausgangspunkt des Unterrichts begreifen, erlebnis- und erfahrungsbasiertes Lernen ermöglichen, damit sich Erkenntnislust entwickeln kann.

2.3 Reifung, seelische Gesundheit und Resilienz

Wenn wir Schule als sozialen Raum für den Abgleich von Selbst- und Fremdwahrnehmung in der Gruppe der Gleichaltrigen und als Ort der Bildung und der kreativen Selbsterprobung wahrnehmen, stärken wir die jungen Menschen auf ihrem Weg der persönlichen und seelischen Reifung. Zukunftsszenarien von Schulen als moderne, digitalisierte Lehr-Lern-Fabriken, in der persönliche Emotionen, ja sogar die seelische Gesundheit der SchülerInnen keine Rolle spielen, werden dagegen der Sehnsucht nach Leben und Selbstbestimmung nicht gerecht.

Leider wurde die soziale und emotionale Bedeutung der Schule für Kinder und Jugendliche bei den Maßnahmen zur Eindämmung des Coronavirus vollständig vernachlässigt: »Das ganze Krisenmanagement war nicht so sehr aus der Perspektive der Kinder, sondern vor allem aus der Perspektive der Erwerbstätigkeit gedacht«, wird die Kindheitsforscherin Christiane Richerad-Elsner zitiert in der Wochenzeitung die ZEIT. (Vgl. ZEIT Nr. 19 vom 06.05.2022) Die Wirtschaftsorientierung der Politik vernachlässigte während der Pandemie das Wohlergehen der jungen Generation, die zwar weiter schulische Leistungen liefern sollte, aber in der monatelangen Isolation des *homeschoolings* tiefgreifende Einschränkungen des sozialen Lebens und der seelischen und schulischen Entwicklung verkraften musste. Ein Inzidenz-unabhängiger Schulbesuch wurde nur den Jahrgängen gestattet, die in der Sortiermaschine Schule mit Noten in den nächstfolgenden Ausbildungsabschnitt einsortiert werden sollten: Abiturjahrgänge, Mittlere-Reife-Jahrgänge und die 4. Klasse, in der das Zeugnis zuerst einmal den weiteren Schul- und Lebensweg bestimmt. Alle anderen mussten zu Hause bleiben. Als Ergebnis dieser Politik waren drastische Zunahmen an psychischen Erkrankungen und seelischen sowie körperlichen Problemen zu verzeichnen. (Vgl. ebd.)

Auch in der Bildungspolitik hat Corona offenbart, welche Werte wirklich zählen und das gesellschaftliche und soziale Leben prägen: Kinder und Jugendliche werden zwar als künftige Arbeitnehmer und Leistungsträger früh dem Wettbewerbsparadigma ausgesetzt, aber ihr Wohlergehen und ihre seelische Gesundheit stehen ganz hinten auf der Agenda. (Vgl. das 2016 im Knauer Verlag erschienene Buch des Kinder- und Jugendpsychiaters Prof. Dr. Michael Schulte-Markwort, »Burn-out-Kids«) Das muss sich ändern!

Die Lebenszeit, die Menschen in unseren hoch entwickelten Zivilisationen in der Schule verbringen, ist davon geprägt, zu wachsen und zu reifen, vom sechsjährigen Kind bis zum erwachsenen jungen Menschen, der einen Beruf ergreift oder ein Studium in Angriff nimmt.

Die Erfahrungen, die in diesem Lebensabschnitt gemacht werden, haben große Prägekraft. »Menschen sind Wesen, die nicht nur geboren werden, sondern noch zur Welt kommen müssen.« (Eschenbroich, a. a. O., S. 10) Schon Johann Gottfried Herder, der neuhumanistische Philosoph und Aufklärer, betonte diese spezifisch menschliche Entwicklungsaufgabe, indem er darauf hinwies, das Tier verfüge über einen intakten Instinkt, der dem Menschen eben nicht zu eigen ist. Der Mensch aber ist ausgestattet mit Vernunft und Sprache – und die bedürfen der Zuwendung und Bildung! Diese »Instinktlosigkeit« des Menschen bedeutet Freiheit. Das nicht festgestellte Tier (Helmut Plessner), oder anders und positiv formuliert »der erste Freigelassene der Schöpfung« (J. G. Herder) braucht in dieser Freiheit und Offenheit, in die er geworfen ist, eine lange Orientierungsphase, in der die Schule eine entscheidende Rolle spielt. Vernunft und Sprache werden ab dem 6. bis 7. Lebensjahr des Kindes in der Institution Schule bewusst und zielgerichtet ausgebildet. Die Schule stellt die Bildungsumgebung dar, in der Kinder und Jugendliche über viele Jahre wachsen.

Wie kann eine lebendige Schulkultur einerseits dazu beitragen, dass Kinder in Form stimulierender Herausforderungen, durch Erfahrungen mit den eigenen Möglichkeiten und Grenzen, Orientierung erhalten, sodass sie wachsen und reifen können? Wie muss Schule andererseits verfasst sein, dass sich Kinder und Jugendliche in ihrem Sosein akzeptiert und willkommen fühlen, Schule als Freiraum für ihre Entwicklung wahrnehmen und mit einer grundsätzlich positiven Gestimmtheit Tag für Tag in die Schule kommen?

Den »geborenen Lernern« (Eschenbroich, a. a. O.), den Kindern, stehen wir in der Schule als Wissensvermittler gegenüber. Aber wir sollten ihnen mit dem dargebotenen Wissen auch Reifung ermöglichen, damit die Grenze zwischen dem Bekannten und dem Unbekannten, dem Faktischen und dem Möglichen, immer weiter verschoben werden kann. »Unterwegs zu einem Zuwachs an Welt« (ebd.) – dieses Stillen der Sehnsucht nach Leben – ist nicht nur eine Aufgabe für den Lebensabschnitt des Vorschulkindes, den Eschenbroich im Blick hat, sondern eine Bildungsaufgabe für die typisch menschliche lebenslange Bildungsbiografie.

An einem Beispiel aus der Praxis will ich das erhellen: Eine Mutter, die beobachten musste, dass ihr Sohn nach der Coronapandemie in eine Depression abglitt, schilderte mir in einem Telefonat, dass ihr Sohn sich während des Onlineunterrichts zu Coronazeiten in der Welt der Onlinespiele verloren habe und jetzt unter Einschlaf- und Motivationsproblemen leide. Sie ließ ihn psychiatrisch untersuchen, das Ergebnis zeigte, dass er einen IQ von über 130 hat. Aber er bringe trotz seiner intellektuellen Begabung keine Kraft mehr für die Schule, ein naturwissenschaftliches Gymnasium, auf. Zu Hause liege er nur noch im Bett. Die Mutter bat am Telefon, dass er bei unserer Schule aufgenommen wird und Kunst als Profilfach wählen darf. Sie fasste ihren Wunsch so in Worte: »Er muss weg von diesem Schulsystem, damit er wieder leben kann.«

Wie können wir erreichen, dass, wie in dem oben geschilderten Fall, nicht immer häufiger schon Kinder und Jugendliche unter depressiven Symptomen leiden, jede Motivation für Bildung und Lernen verlieren und ihr Leben als sinnlos empfinden? Produzieren wir damit nicht vollkommen unnötig »Versager«? Aber eine tief sitzende und längst widerlegte Hypothese, dass nur Druck und ständige Überprüfungen Leistungen stimulieren können, prägt im System Schule, und auch in den Köpfen vieler Lehrkräfte, eine Haltung des Misstrauens gegenüber der Leistungsbereitschaft der SchülerInnen. Dies wirkt wie eine selbsterfüllende Prophezeiung und bestätigt sich damit in einem unguten Zirkelschluss ständig selbst.

Wir werden lernen müssen, uns von dieser Haltung gänzlich zu verabschieden, wenn wir alle SchülerInnen erreichen wollen und ihnen einen Weg aus der inneren Kündigung der Schule zeigen wollen. Gerade in benachteiligten Familien oder bei psychisch labilen SchülerInnen wurde durch die langen Schulschließungen während der Pandemie die Entfremdung von Bildung und Schule verstärkt. Der in Deutschland sowieso schon maßgebliche Einfluss des Elternhauses auf den Schulerfolg von Kindern und Jugendlichen hat sich im *homeschooling* um ein Vielfaches verschärft. Die OECD sah sogar eine neue Bildungskatastrophe im zweiten Jahr der Schulschließungen heraufziehen und forderte eine Priorisierung der Schulöffnungen von den politischen Entscheidern. So formuliert OECD-Bildungsexperte Andreas Schleicher: »Es sind die sozial Schwächsten, die wieder immer weiter hinten bleiben. Die ohnehin große soziale Schere im Bildungsbereich in Deutschland wird damit noch weiter aufgedreht.« (Vgl. www.rbb24.de/politik/thema/corona/beitraege/2021/01/interview-bildung-digital-praesenz-unterricht-vorteile-nachteile.html)

Was also ist zu tun? Wir müssen vor Ort an den einzelnen Schulen eine förderliche Schulkultur schaffen, in der jedes Kind da abgeholt wird, wo es sich gerade jetzt befindet. Ein Appell an die Politik in diese Richtung sollte von allen Betroffenen ausgehen, den SchülerInnen, ihren Familien, den Lehrkräften, den Kinder- und Jugend-Psychiatrien, den PsychologInnen und PyschotherapeutInnen und allen anderen, die von der Krise des Heranwachsens in unserer Zeit betroffen sind: Gebt den Schulen die Freiheiten und die Verantwortung vor Ort, die sie dazu befähigt, diese wertvolle Aufgabe zu leisten!

Prüfungen in der Übertrittsphase in der 4. Klasse aufgrund der Schulschließungen nicht möglich? Das hätte kein Problem darstellen müssen! Statt während der Pandemie nur die GrundschülerInnen vor Ort zu beschulen, die in der Logik des Systems zur weiteren Einordnung der Notengebung bedürfen, hätte die Leistungseinstufung zurückgestellt werden können und stattdessen ein Probejahr in der nächsten Bildungsphase flankiert von Beratungsangeboten Abhilfe schaffen und den nötigen Zeitraum zum Nachreifen und Nachlernen bieten können. So hätten in dieser Phase ausgleichende Fördermöglichkeiten vor allem diejenigen erreicht, denen das Abgehängtsein nach den *homeschooling*-Phasen besonders drohte.

Damit Schule nicht als Ort des Zwangs und der Unfreiheit erlebt wird, in der Noten das Wichtigste zu sein scheinen und Versagensängste vorherrschen, müssen wir die pädagogische Beziehung in den Mittelpunkt der Überlegungen rücken. Genauso gilt es, die Entfaltung der individuellen

Potenziale und die Förderung der Kreativität stärker zu betonen, statt standardisierte Leistungsformate zu favorisieren. Beziehung kann nur durch geschulte und engagierte Lehrkräfte gestiftet werden; auf die unersetzliche Bedeutung der Lehrkräfte hat die viel diskutierte Hattie-Studie hingewiesen (vgl. https://visible-learning.org/de/kritik-an-der-hattie-studie-visible-learning/) und unsere alltäglichen Erfahrungen als Eltern oder Lehrkräfte untermauern dies tagtäglich. Neben den Familienmitgliedern sind Lehrkräfte diejenigen Erwachsenen, mit denen Kinder und Jugendliche einen Großteil ihrer Zeit verbringen.

Jede einzelne Lehrkraft trägt also Verantwortung dafür, wie Kinder oder Jugendliche ihre Schule erleben. Damit SchülerInnen in der entscheidenden Entwicklungszeit vom Kind zum jungen Erwachsenen psychisch gesund heranreifen können, müssen wir ihnen die Chance geben, die Institution der Bildung Schule als entwicklungsförderlichen und freundlichen Ort wahrzunehmen. Ob das gelingt, hängt unter anderem damit zusammen, ob es in Schulen eine Kultur der Fehlertoleranz gibt und wie der Umgang mit der Individualität der SchülerInnen an der Schule gestaltet ist. Die Unterstützung der Herausbildung von Fehlertoleranz und Selbstakzeptanz bei den Betroffenen ist genauso gefragt, wie die bewusste Förderung der Anstrengungsbereitschaft. Dazu gehört auch das Lernen des Aufschubs von unmittelbaren spontanen Wünschen und Bedürfnissen, die sogenannte Frustrationstoleranz, damit das Erreichen des angestrebten Ziels eines guten Schulabschlusses als Eintrittskarte ins Berufsleben oder ins Studium nicht zum Spießrutenlauf gerät.

Werden Kinder aber von Anfang an mit schulischen Misserfolgserlebnissen konfrontiert, die ihr Selbstbewusstsein untergraben, führt der daraus entstehende Mangel an Selbstbewusstsein womöglich dazu, den natürlichen Hunger nach Bestätigung durch provozierendes Verhalten zu befriedigen. Dies kann zu einer Spirale des Versagens und des Ausschlusses aus den angestrebten Bildungswegen führen. Eine realistische, also an intrinsischen Zielen und Wünschen der SchülerInnen orientierte Leistungsbereitschaft, erfordert einen sensiblen Umgang mit Leistungsbewertungen: Es darf keine frühe und unsensible Kränkung des natürlich gegebenen kindlichen Narzissmus geben, sondern es bedarf einer professionalisierten Hilfestellung zu einer sich schrittweise entwickelnden realistischen Selbsteinschätzung, eine durch einfühlsames Feedback angeleitete Selbstwahrnehmung der Anerkennung der eigenen Stärken und Schwächen mit eigenen, erfüllbaren Zielsetzungen ohne Unter- oder Überforderung.

Ein Beispiel aus der eigenen Familie kann erhellen, wie es nicht laufen sollte: Unsere älteste Tochter war als Kleinkind sehr wissensdurstig und freute sich ungemein auf die Schule. In ihrem Kindergarten, einer Elterninitiativgründung, wurde ihr Selbstbewusstsein gestärkt. Sie liebte es, dorthin zu gehen und dennoch sehnte sie sich nach neuen Erfahrungen in der Schule. Sie wollte lesen und rechnen lernen, sie wollte wachsen und ein Schulkind sein. Sobald sie lesen konnte, wurde sie zu einer »Leseratte«, studierte später ein geisteswissenschaftliches Fach und promovierte. Nach den ersten drei Monaten Schule kam sie zu mir mit traurigem Gesicht und sagte: »Kindergarten war doch schöner«.

Was war passiert? Eine strenge Erstklasslehrerin alter Schule (sie war nach Lebensjahren jung) schwang ein eisernes Zepter über den Erstklässlern, die gleich verstehen sollten, dass »der Ernst des Lebens« angefangen hatte. Es regierte der Rotstift – Fehlertoleranz oder Ermutigung leider Fehlanzeige. Glücklicherweise wechselte diese Lehrerin wegen persönlicher Umstände die Schule und der Lehrer in der zweiten Klasse entschärfte die Situation. Trotzdem prägte dieses erste Jahr die Einstellung unserer Tochter zur Schule nachhaltig negativ. Nach einem schönen weiteren Schuljahr an einer Dorfgrundschule mit dem oben geschilderten musischen und engagierten Schulleiter, den unsere jüngere Tochter drei Jahre als motivierende Lehrkraft erleben durfte, bevor er in Pension ging, erfuhr unsere Älteste noch weitere abenteuerliche Rückschläge auf drei Gymnasien, bevor sie – endlich befreit – ihr Studium aufnehmen konnte, das sie motiviert und erfolgreich absolvierte. Beim Gymnasialbesuch unserer Ältesten machten wir als Familie drei besonders schockierende Erfahrungen, die ich als symptomatisch für diese Institution einstufe und deswegen hier kurz schildere, denn es sind Beispiele, wie Schule als Institution genau das verfehlt, was sie eigentlich als Zielsetzung erreichen sollte: Motivation zu Leistung, Förderung der Entwicklung und Reifung, Anleitung zu realistischer Selbsteinschätzung.

Erstes Beispiel: In einem Gymnasium innerhalb eines großen Schulzentrums in Baden-Württemberg, das unsere Tochter nach dem wunderbaren letzten Grundschuljahr bis zur 7. Klasse besucht hat, war es üblich, nach

Notenschluss am Ende des Schuljahres Filme im Unterricht zu schauen – ohne Nachbesprechung, ohne Bezug zu irgendeinem Unterrichtsprojekt. Ein deutliches Zeichen dafür, dass an dieser Schule über den Unterricht als Mittel zum Zweck zur Vergabe von Noten und Zeugnissen keine Schulkultur vorhanden war und es auch keinen Begriff davon gab, dass es Leistungen jenseits der schulischen Bewertungsformate geben könnte. In der Unterstufe kam unsere Tochter deswegen mit äußerst zweifelhaften filmischen Produktionen in Kontakt. Eine Grenze war überschritten, als sie eines Tages sehr verstört nach Hause kam, da die Kunstlehrkraft erlaubt hatte, einen Horrorthriller ohne die entsprechende Altersfreigabe zu zeigen, den eine Schülerin mitgebracht hatte. Hier war der Punkt erreicht, an dem wir als Eltern einschreiten mussten. Ob unsere Intervention nachhaltig war oder nicht, wissen wir nicht, da wir im nächsten Schuljahr nach Bayern gezogen sind.

Hier in Bayern (zweites Beispiel) wurden wir gleich bei der Schulanmeldung schockiert: Die Schulleitung eröffnete uns, dass unsere Tochter aufgrund des Bundeslandwechsels die 7. Klasse wiederholen solle. Ihr Zeugnis war gut bis befriedigend, es gab in keinem Fach eine 5 oder 6, selbstverständlich lehnten wir ab. »Zur Strafe« wurde unserer Tochter im darauffolgenden Schuljahr bewiesen, dass man sich in Bayern den Ratschlägen der Autoritäten nicht entgegenstellen darf: Im Jahreszeugnis der 8. Klasse hatte sie viermal die Note 5 stehen, unter anderem in Englisch. Ein Fach, in dem sie immer gute Leistungen erzielt hatte – auch nach dem Besuch des bayerischen Landgymnasiums. Ein Vorsprechen meinerseits bei der Konrektorin und Englischlehrkraft unserer Tochter offenbarte das Desaster: Trotz befriedigender und ausreichender schriftlicher Leistungen hatte unsere Tochter eine Fünf im Zeugnis, denn *»no answer is six«* eröffnete mir die Lehrerin im Elterngespräch. Im Notenbuch der Lehrkraft standen unzählige Sechser. Unsere Tochter war im Unterricht aufgrund der Atmosphäre der Angst und Einschüchterung verstummt – *»no answer«*.

Es gab keine Möglichkeit, unsere Tochter aus der seelischen Schockstarre zu holen: Sie wechselte deshalb wiederum die Schule und wiederholte das 8. Schuljahr mit langem Busanfahrtsweg in einem städtischen Gymnasium. Hier konnte sie sich zunächst erholen und wieder Fuß fassen. In der 9. Klasse wurde ihr dann aber der Lehrer für Mathematik und Physik beinahe zum

Verhängnis. Die beiden Fächer gehörten noch nie zu den Lieblingsfächern unserer Tochter, sie liebte Latein, Sprachen allgemein, und interessierte sich für Literatur, Kunst und Musik. Dieser Lehrer vermittelte ihr: »Du gehörst nicht auf das Gymnasium« und tat alles, damit sie das Gymnasium verlassen muss. Wir erkannten als Eltern rechtzeitig die Gefahr und reagierten mit Nachhilfe bei einer promovierenden Physikerin. Das Referat in Physik, das unsere Tochter gemeinsam mit dieser qualifizierten und kompetenten Unterstützung erstellt hatte, wurde als Themenverfehlung eingestuft und dementsprechend bewertet. Der Ausschluss aus der Schule, an der sie neue Freunde gefunden hatte, hing wie ein Damoklesschwert über unserer Tochter und uns als verantwortlichen Eltern, da unsere Tochter dann wegen zweimaligem »Sitzenbleibens« in der Mittelstufe die Schulart Gymnasium hätte verlassen müssen. Als Ausweg wäre nur die Hauptschule infrage gekommen, die vom Profil her nicht dem Begabungsprofil unserer Tochter entsprochen hätte. Berufsorientierung, Praxisfächer – das interessierte sie nicht. Sie wählte später Deutsch und Latein als Leistungskurse und studierte nach dem Abitur Philosophie und Literaturwissenschaft. Es war unsere Aufgabe als Eltern, unserer Tochter die Rückendeckung und das Coaching zu geben, das sie brauchte, um sich gegen das lebensverachtende und brutale Vorgehen des Lehrers zu behaupten. Sie brachte genug seelische Resilienz und intellektuelle Begabung mit, um die Noten am Ende des Schuljahres in der jeweils letzten Schulaufgabe zu erzielen, die sie brauchte, um das Übelwollen des Lehrers rein rechnerisch auszuhebeln. Für sie und uns ein gefühlter Seiltanz über dem Abgrund.

Wie vielen musisch- und sprachbegabten SchülerInnen mit Mathematikunlust dieser – übrigens junge Lehrer – wegen Problemen in seinen beiden Unterrichtsfächern als nicht geeignet für das Gymnasium einstufte und mit Absicht das schulische Genick gebrochen hat, wissen wir nicht. Die beiden Freundinnen unserer Tochter mussten seinetwegen ein Schuljahr wiederholen. Als Schulleiterin nahm ich viele Jahre später einen Gymnasialwechsler in die 9. Klasse in den Kunstzweig der Herder-Schule auf. Er erzählte mir im Aufnahmegespräch von seinem Mathe- und Physiklehrer, der ein wesentlicher Grund seines Wunsches war, die Schule zu wechseln. An den Rand der letzten Mathematikschulaufgabe hatte er überall mit Rotstift »Aua« geschrieben und ihm immer wieder vermittelt, er gehöre nicht ans Gymnasium. Ein

Wiedererkennungseffekt war ausgelöst, ich fragte nach dem Namen des Lehrers – und tatsächlich – es war derselbe Lehrer, der Jahre später immer noch auf die gleiche Weise sein Unwesen trieb.

Wie viele solcher Entwicklungs- und Reifungsverhinderer gibt es an deutschen Schulen? Warum gebietet ihnen niemand Einhalt? Die Ausbildung der nötigen Resilienz bei unseren Kindern und Jugendlichen, um solche Umstände auszuhalten und trotzdem dem eigenen Weg unbeirrt zu folgen, ist denen vorbehalten, die im Elternhaus Unterstützung erhalten, teure Nachhilfe bezahlt bekommen und denjenigen, welche nicht unter seelischen Problemen leiden. Eine nicht hinzunehmende Diskriminierung also von finanziell weniger Betuchten oder kranken Menschen! Es macht traurig, zu erleben, dass Schule in dieser Form ihre Aufgabe verfehlt, Leben zu fördern, Reifung zu ermöglichen und Bildungswege zu ebnen. Stattdessen kann sie sogar Leben zerstören. Wir reagierten als Familie mit unseren drei Kindern auf die problematischen Schulerfahrungen und Schulabenteuer von Waldorfschule über Dorfgrundschule bis hin zu belastenden Erfahrungen an staatlichen Gymnasien und Fachoberschulen unserer zwei Älteren als Bildungsprofis mit der eigenen Schulgründung der Herder-Schule. In Form einer Realschule mit Sprachen- und Kunstzweig und einer angegliederten Fachoberschule mit den Zweigen Gestaltung und Soziales eröffnen wir mit der Herder-Schule einen neuen Bildungsweg für unsere Region, von dem wir sowohl persönlich für unsere jüngste Tochter profitierten, als auch eine grundlegende Wende für die SchülerInnen ermöglichen, die den Weg an die Herder-Schule gefunden haben. An unserer Schule arbeiten wir beziehungs- und erlebnisorientiert: Die Bildungsbiografie wird hier als Abenteuer gesehen, das wir gemeinsam erleben und gestalten. Auch unsere Lehrkräfte begreifen sich – neben ihrer Rolle als Wissensvermittler – als Lernende. Damit sind sie weniger Sachwalter eines schulisch geprägten Leistungsbegriffs, als vielmehr Menschen, die gemeinsam mit den SchülerInnen das Abenteuer der Bildung prägen; sie begegnen unseren SchülerInnen auf Augenhöhe mit Respekt und nehmen ihre erzieherische Verantwortung genauso wahr, wie die Wissensvermittlung im Unterricht.

Diejenigen Lehrkräfte sind bei uns besonders willkommen, die – wie unsere SchülerInnen – von einer tiefen Sehnsucht nach Leben geprägt sind, sodass unsere Projektpräsentationen und Schulfeste immer auch lebendiger

Ausdruck der Auseinandersetzung mit den Sachfragen sind, mit denen wir uns beschäftigen und dabei das Gefühl einer großen Verbundenheit untereinander entsteht.

Der Sehnsucht nach Leben gerecht zu werden, bedeutet Zeit für Reifung zu geben und lebensnahe Herausforderungen zu stellen, die zwar nicht immer alle gleichermaßen zufriedenstellen können, aber doch ein Angebot machen, das mehr als Lernen des Gleichen im Gleichschritt darstellt, wie es immer noch allzu oft an Schulen geschieht. Individuelle Reifung braucht unterschiedliche Zeiträume; eine Metapher aus dem Gartenbau mag es erhellen: Man darf von einem Frühbeet nicht das schützende Glas wegnehmen, wenn es noch einmal Frost im Mai gibt, ohne den Verlust der Ernte in Kauf zu nehmen. Unsere Kinder aus dem Waldkindergarten oder einem wirklich freundlichen und kompetenten Kindergarten dürfen nicht auf eine schockierende Abwertung ihrer ganzen Person in der Schule stoßen und dann mit einem Schulleben voller Frustrationen und Entsagungen ohne Bestätigung ihrer Lebensbedürfnisse und ohne freudevolle Bildungserlebnisse enttäuscht werden. Es mag genügend besonders resiliente Kinder geben, die über ausreichend Widerstandskräfte aus ihrem Familien- und außerschulischem Bildungsumfeld verfügen, um auch in einer Schule zu bestehen, die mit wenig Sensibilität und Rücksicht auf die Lebensbedürfnisse der Kinder ihr schulisches Programm durchzieht, aber die Zahlen belegen es deutlich: Es gibt zu viele Bildungsverlierer, zu viele psychisch belastete Kinder und Jugendliche sowie eine zu große Bildungsungerechtigkeit in Deutschland. (Vgl. dazu auch Otto, Anne: »Die Krise der Kinder« in Psychologie heute 49/12)

Auf die seelische Gesundheit von Kindern und Jugendlichen sollten wir gerade heute nach den Zeiten der Pandemie und im Angesicht des menschengemachten Klimawandels besonders achten, besteht doch die Gefahr der Ausbreitung eines Gefühls von Ohnmacht und Ausweglosigkeit gegenüber den erheblichen Anforderungen durch die Transformation von Wirtschaft und Gesellschaft zu einer nachhaltigeren und weniger lebensfeindlichen Existenzweise.

Sowohl in den Familien als auch in der Gesellschaft – und gerade auch an den Schulen – gilt es, eine Basis des Vertrauens aufzubauen und Krisen anzupacken, statt weitgehend zu verdrängen. In einer partizipativ angelegten Bürgergesellschaft heißt Lösungswege zu eröffnen auch, die Kinder und

Jugendlichen an den Prozessen der Lösungen zu beteiligen und ihre Anliegen und Bedürfnisse zu berücksichtigen und sie in die politischen Entscheidungsprozesse mit einzubeziehen.

Es darf nicht unwidersprochen hingenommen werden, dass sich die Tendenz zur Spaltung in Krisengewinner und Krisenverlierer sowohl weltweit als auch innerhalb der Zivilgesellschaft immer mehr verbreitet. Eine solche Spaltungstendenz gefährdet den Zusammenhalt, leistet populistisch vereinfachten Erklärungsansätzen und einem Misstrauen gegenüber dem demokratischen Rechtsstaat als Ganzem Vorschub. Umso mehr müssen alle verantwortlichen Akteure – Verantwortliche der Schulpolitik, Lehrkräfte, Schulaufsicht – die Schule als Unterstützungsort gestalten, damit Kinder und Jugendliche dort reifen können und die Lebenskompetenzen erwerben, die sie befähigen, mit Mut und Offenheit für Neues ihre Zukunft zu gestalten. Die Resilienz, die sie in einem unterstützenden, lebensförderlichen schulischen Umfeld erlangen, entspräche dann einer Widerstandfähigkeit gegenüber dem Gefühl von Ausweglosigkeit und Ohnmacht einerseits und der Fähigkeit einer realistischen Selbstwahrnehmung andererseits. »Ich schaffe das, *weil* mir geholfen wird« sei die Devise und nicht »ich schaffe das, *obwohl* das System Schule mich als Person einem normierten, unsachgemäßen und undifferenzierten Leistungsdenken unterwirft.«

Der Resilienzbegriff ist jedoch durchaus schillernd: Einerseits verweist er auf den Erwerb von Kompetenzen, die Menschen befähigen, krisenhafte oder gar traumatische Erlebnisse zu verarbeiten und standzuhalten. Andererseits unterliegt er der Gefahr der Individualisierung gesellschaftlicher Risiken und der Privatisierung sozialer Verantwortung mit der damit einhergehenden Tendenz, veränderungswürdige Verhältnisse als gegeben hinzunehmen und lediglich einen akzeptierten Umgang damit zu finden. In diese eher problematische Kategorie würde ich jede Ratgeberliteratur einordnen, die Empfehlungen gibt, wie man sich an die gegebenen Verhältnisse anpassen kann, wie z. B. bei dem Autor Reinhard Winter »Wie Jungen die Schule schaffen. Ein Ratgeber für Eltern« (2018). Im genannten Fall wird Schulwechsel empfohlen wenn »die Standardschule nicht geeignet ist«. (A. a. O., S. 98) Gleichzeitig wird vermittelt, dass es keine Aussicht auf Besserung der Verhältnisse gäbe, die in Deutschland als normiert, restriktiv und tendenziell unmenschlich geschildert werden (vgl. ebd.). Als Ratgeberbuch für Eltern wendet sich das Buch an diejenigen Eltern, die die geschilderten mangelhaften und lebensfeindlichen Verhältnisse des Systems Schule auffangen wollen und können. Das kann nicht die Lösung sein! Abgesehen davon trifft alles, was der Autor über sensible Jungen im »Trubel einer großen Schule« (ebd.) sagt, auch auf sensible Mädchen zu. Eine Genderdebatte bezüglich der Beschulung führt meines Erachtens nicht weiter (man vergleiche unsere oben geschilderten Erfahrungen mit den drei Töchtern), im Gegenteil: Es wird unterstellt, dass sich Mädchen besser an das System der »Standardschulen« anpassen können, also weniger herausfordernd und individuell auf Belastungen reagieren. Dies entspricht einem Geschlechterstereotyp, das der Debatte nicht zuträglich ist, welche Art von Schule Kindern und Jugendlichen ins Leben hilft. So räumt Winter auch ein: »Fragen der Geschlechterqualitäten und -aspekte gehen derzeit hinter allgemeinen Leistungs- und Effizienzinteressen unter« (a. a. O. S. 99).

Und damit benennt er das eigentliche Problemfeld, das unser gesamtgesellschaftliches Handeln betrifft: Soziale Prozesse, Care-Arbeit, Prozesse der Reifung und des Lernens lassen sich nicht nach den Normierungen eines vordergründigen Leistungs- und Effizienzbegriffs gestalten, ohne ihren eigentlichen Sinn zu verfehlen – nämlich menschliche Zuwendung zu geben und menschliche Bildung und zwischenmenschliche Bindung zu ermöglichen. Hier ist ein Paradigmenwechsel vonnöten, der aber gar nicht durch einen groß angelegten Schulsystemwechsel geleistet werden kann, da man es systemisch niemals allen recht machen könnte. Trotzdem dürfen Symptome der strukturellen Probleme des Schulumfelds nicht aus dem Fokus geraten oder als gegeben hingenommen werden. Es darf also keine Entlastung der schulpolitischen Akteure bezüglich der Bearbeitung und Vermeidung der Ursachen geben!

Der individualisierte Umgang der SchülerInnen und ihrer Familien mit den strukturellen Problemen der Schule vernachlässigt die gesamtgesellschaftliche Relevanz der Schulzeit und bringt die Familien, die sich ohne Unterstützung aus dem schulischen Umfeld an den Problemen abarbeiten, an ihre Belastungsgrenzen. Allerdings kann eine solidarische Elternschaft durchaus Abhilfe bei Problemen schaffen, falls die Verantwortlichen in der Schule nicht dazu bereit sind. Ein nachahmenswertes Beispiel haben wir in der dreijährigen Oberstufenzeit unserer jüngsten Tochter erlebt, die nach dem Schulbesuch an der Herder-Schule ans Gymnasium gewechselt ist, um in zwei Fremdsprachen ihr Abitur abzulegen: Schon in der ersten Schulwoche der Oberstufe an der neuen Schule wurden wir zu einer Gesamtelternversammlung durch den Elternbeirat eingeladen. Es stellte sich heraus, dass in der Oberstufe von der Schulleitung eine Mathematik Lehrkraft eingesetzt wurde, die als unfähig galt, die SchülerInnen angemessen auf das Abitur vorzubereiten. Auf der Elternversammlung wurde nach einer Lösung für den ganzen Jahrgang gesucht. Nachdem der Elternbeirat die Schulleitung nicht überzeugen konnte, dem Abiturjahrgang eine andere Lehrkraft zuzuweisen, organisierte die Elternschaft eine Gruppen-Nachhilfe als Angebot für alle SchülerInnen. Eine Familie stellte den Raum dafür zur Verfügung und wer wollte und es brauchte, konnte sich jeden Sonntagnachmittag mit der Nachhilfelehrkraft den Mathematikstoff erarbeiten, was regelmäßig von vielen SchülerInnen in Anspruch genommen wurde. Die Kosten wurden aufgeteilt, was natürlich für die Familien wesentlich günstiger war, als wenn die SchülerInnen Einzelnachhilfe in Mathematik erhalten hätten. Ein nachahmenswertes Beispiel für Solidarität statt Einzelkämpfertum! Trotzdem muss betont werden, dass das unverantwortliche Vorgehen der Schulleitung nicht zu entschuldigen ist. Leider gibt es bis dato nicht die Möglichkeit, pädagogische Fehlbesetzungen bei den Lehrkräften im Beamtenstatus zu korrigieren, was durchaus eine Möglichkeit darstellen und eine Entlastung für alle Beteiligten bedeuten würde, wahrscheinlich auch für die Lehrkraft selbst.

Schulunlust, Schulangst, Schulverweigerung, jugendliche Depressionen – in zunehmendem Maß sind diese Reaktionen auf ein lebensfeindliches Schulumfeld zu beobachten. Es hilft nicht weiter, die Probleme an Akteure der Psychotherapie und der Kinder- und Jugendpsychiatrie oder der Jugendhilfe auszulagern. Was hilft also dann, damit Schulen zu einem Ort der Reifung und des fröhlichen Heranwachsens werden? Aus meiner Sicht drei Dinge:

1. Lehrkräfte, die Probleme ihrer SchülerInnen wahrnehmen und das als Aufgabenstellung erkennen. Lehrkräfte, die sich in pädagogischen Themen fortbilden und vor Ort an ihrer Schule den Paradigmenwechsel vollziehen und dafür in ihrem Kollegium Netzwerke ausbilden. Nur so kön-

nen sie die Schulleitung dafür gewinnen und die Schulkultur nachhaltig verändern.

2. Eltern und Familien, die Netzwerke bilden und sich konstruktiv mit den Lehrkräften und der Schulleitung vor Ort an ihrer Schule um das Schulleben und die Schulkultur kümmern. Nicht in dem Sinne, für das je eigene Kind das Beste herauszuholen, sondern um einen Paradigmenwechsel anzustoßen und gemeinsam mitzutragen.
3. Initiativen gründen oder unterstützen, die neue Schulen aufbauen, die es vorleben, wie lebensfördernde Schulen aussehen, sodass sie auf die Schulkultur insgesamt abstrahlen können.

2.4 Der neue Dreischritt: erleben – erfahren – erkennen

Nach diesen allgemeinen Überlegungen will ich mich der Didaktik zuwenden, denn es gilt die Verlebendigung des Schulstoffs konkret umzusetzen. Erlebnisorientierung in didaktischer Hinsicht lässt sich durch eine neue Erlebnis- und Erfahrungsausrichtung des Lernens erreichen. Ich nenne es den Dreischritt von erleben – erfahren – erkennen:

Erleben bedeutet hier: Ausgehen von konkreten Erlebnissen unter Einbezug der Körperlichkeit, der Emotionalität, der sinnlichen Wahrnehmungsfähigkeit und des genuin vorhandenen intellektuellen Wissensdursts. Erfahren heißt: Erlebnisse gemeinsam mit den MitschülerInnen und den Lehrkräften zu Erfahrungen verarbeiten, die das Leben prägen, einen Erfahrungsschatz in der Schule generieren. Erkennen steht für: Erkenntnisse gewinnen auf der Basis eigener Erlebnisse und Erfahrungen, die sich nachhaltig und tief im Gedächtnis verankern.

Wer möchte, kann die Dreischritt-Pädagogik unter ganzheitliches Lernen einordnen, aber es gilt differenzierter zu argumentieren, als mit »Kopf, Herz und Hand«. Denn neben der Vermittlung von Kompetenzen und Fachwissen hat die Schule einen Bildungs- und Erziehungsauftrag, der die Mündigkeit in einem demokratischen Gemeinwesen zum Gegenstand hat.

Mündigkeit ist ein sehr hohes Ziel, das mit der Schulbildung nicht abgeschlossen ist; es beruht auf der Anerkennung von Individualität und Vielfalt. Zur Mündigkeit gehört unter anderem der Erwerb eines ausreichend entwickelten Maßes an Selbststeuerung, die in der Schule gefördert und weiterentwickelt werden kann – oder aber durch Vorgaben überfüllter Lehrpläne und Mangel an Anlässen zur Einübung verloren geht. Vielleicht liegt in der Vernachlässigung der Selbststeuerung und Eigenverantwortlichkeit auch das Problem mit der Studierfähigkeit, deren Mangel die Universitäten bei den Studierenden gerne beklagen.

Der Schülerspruch »jede Menge Stoff und noch kein bisschen süchtig« zeigt jedenfalls ironisch ein weit verbreitetes Missverhältnis zur Bildung in der Schule. Wenn auch nicht süchtig, so sind SchülerInnen aber doch von sich aus nach den Angeboten in der Schule hungrig, die sie sogar einfordern, wenn diese Angebote an die Bedürfnisse und Interessen der SchülerInnen anknüpfen. In unserer 10. Klasse der Herder-Schule beispielsweise wollten die SchülerInnen im *homeschooling* während des zweiten *lockdowns* im Winter 2020/2021 nicht auf ihre Politik AG verzichten (ein zusätzliches Angebot der politischen Bildung zum zweistündigen Sozialkundeunterricht) und wünschten sich von der Lehrkraft die Fortsetzung der AG per Videokonferenz am Nachmittag in ihrer Freizeit, obwohl die Ganztagsschule während des *lockdowns* ruhte. Hier nutzten die SchülerInnen den Raum für Austausch, Debatten und selbst gesetzte Themen, um zu verstehen, was unsere Gesellschaft zusammenhält oder spaltet.

Was gerne »handlungsorientierter Unterricht« genannt wird, zielt auf produktive Selbsttätigkeit statt Instruktion und erhöht die Motivation und die innere Beteiligung am Unterrichtsgeschehen. Diese produktive Selbsttätigkeit ist eben – wie das genannte Beispiel zeigt – nicht nur an »Handlung« oder »Handlungsorientierung« geknüpft, sondern kann sowohl theoretische als auch praktische Inhalte betreffen.

Der didaktische Methodenkoffer der Handlungsorientierung reicht nicht aus, um Bildung in der Schule wirklich lebensrelevant zu machen. Bekannt ist z. B. das Methodenspektrum von Heinz Klippert, das sicherlich im Schulkontext seine Wirkung zeigt und durch die Vielfalt der methodischen Zugänge eine Bereicherung darstellen kann. (Vgl. z. B. Klippert, Heinz (2018): Methoden-Training.) Aber solchen Instrumenten fehlt das Moment der Lebensnähe. Sie zielen doch wieder ganz und gar auf Lernen in der Schule und für die Schule und damit auf das Erreichen eines guten Abschlusses. Wir leben aber nicht nur auf den Abschluss hin – weder in der

Schule, noch im späteren Leben, denn dann verfehlen wir das Leben selbst. Wenn alle Gegenwärtigkeit der Zielerreichung geopfert wird, geht die Sinnhaftigkeit verloren. Anstelle des mit der Sinnhaftigkeit verbundenen intensiven Glücksgefühls breiten sich Gleichgültigkeit und Langeweile aus. Jedoch macht gerade der sinnerfüllte Lebensvollzug Tag für Tag das Leben lebenswert und wertvoll – so sollte es auch in der Schule sein!

Wir müssen eine andere Ebene des didaktischen Zugangs finden, die gleichzeitig über Schule hinausweist und sie damit aus den lebensweltlichen Zugängen bereichern kann. Um der Sehnsucht der jungen Menschen nach Leben gerecht zu werden, eine erfüllte Lebenszeit in der Adoleszenz zu ermöglichen und eine gesteigerte Motivation für Bildung in der Schule bei den Betroffenen zu erreichen, sollten wir offen sein für neue Wege: Die Basis hierfür liegt in der grundlegenden Methodik des *Dreischritts von erleben, erfahren, erkennen.*

Ziel dieses Dreischritts ist einerseits, für SchülerInnen den zugrunde liegenden Sinn der Bildung in der Schule bei jedem Lernschritt erfahrbar zu machen. Damit zeichnet sich Schule, und zwar unabhängig von der Schulform, durch eine neuartige Lebensnähe aus. Und genau darin liegt die Chance! Schule ist ein zentraler Bereich der Lebenswelt der SchülerInnen. Angesichts der um sich greifenden sogenannten »Kolonialisierung der Lebenswelt« (Vgl. Habermas, Jürgen (1981): Theorie des kommunikativen Handelns) und der wachsenden bürokratischen Umklammerung und Überfrachtung von Schule erschließt die Dreischritt-Methodik neue lebensweltliche Zugänge und Freiräume. Dies ist eine bewusst einzuübende Anforderung an die Lehrkräfte, damit sie von Anfang an als Meister ihres Fachs sowohl ihre Begeisterung für ihr Fach vermitteln als auch den Platz des Fachwissens im gesellschaftlichen und wissenschaftlichen Kontext des Lebens außerhalb der Schule den SchülerInnen erschließen können. Andererseits werden bei der Dreischritt-Methodik die emotionalen und sozialen Kompetenzen integral mit in den Blick genommen und von den Lehrkräften bewusst ausgebildet. Die SchülerInnen werden in der Schule also nicht mehr darauf reduziert, Wissenskompetenzen auszubilden. Im Gegensatz hierzu wird die Ausbildung der emotionalen, sozialen und flankierend auch der ästhetisch-gestalterischen Kompetenzen, also ganzheitliche Lebenskompetenzen, als gleichberechtigte Aufgabe in der Schule wahrgenommen.

Alle Erkenntnisse der Entwicklungspsychologie und Neurobiologie weisen darauf hin, dass wir als Menschen zu Baumeistern unserer eigenen Welt werden müssen, damit wir unser Leben als gelingendes Leben erfahren können. Auf der Basis unserer wachsenden Erfahrungen gibt es einen ständigen Abgleich zwischen den Anforderungen, uns an gegebene Strukturen anzupassen einerseits und dem Generieren von neuen Strukturen andererseits. So können wir uns als GestalterInnen unserer Welt erfahren. Unüberwindliche Gefühle von Ohnmacht und Hilflosigkeit dagegen lähmen uns, persönliches Wachstum wird durch eine dauerhaft erfahrene Hilflosigkeit verunmöglicht. Durch die Dreischritt-Pädagogik berücksichtigen wir diese Erkenntnisse und wirken wachsenden Entfremdungserfahrungen in der Schule entgegen.

Auch wenn es nicht in jeder Schulstunde gelingen kann, den Dreischritt umzusetzen, bleibt er als Herausforderung für jede Lehrkraft in jedem Fach ein Ansporn; es bedeutet, von der Lebenswelt der SchülerInnen auszugehen und das zu vermittelnde anspruchsvolle Fachwissen jeweils altersgerecht daran anzuknüpfen sowie die soziale und emotionale Dimension des Lernens der SchülerInnen dabei immer im Blick zu behalten. So kann – anders als beim banalen *learning to the test* – Lernen für das Leben gelingen. Dieser Ansatz kennt die Grenzen der didaktisch zweckhaften Zielorientierung und eröffnet einen weiten Raum der lebendigen Bildung, der auf Nachhaltigkeit zielt – für Schülerinnen und ihre Familien, sowie für Lehrkräfte.

Nachhaltige Bildung wird so als Lebensbildung verstanden, die prägt, an die man sich gerne und dauerhaft erinnert, an die man nach der Schulzeit in Ausbildung und Studium aufbauend anknüpfen kann. Dass die pädagogische und didaktische Einwirkung auf Kinder und Jugendliche in der Schule oft unerwünschte soziale und emotionale Nebenwirkungen hat, wird nicht nur in der Erziehungswissenschaft kontrovers diskutiert, sondern gehört auch zum Erfahrungsschatz der allermeisten Familien. Was auf der einen Seite als »Technologiedefizit« beklagt wird (vgl. Bohnsack, S. 141), da der in der Schule eingesetzte Zeit- und Sachaufwand nicht zu den gewünschten Ergebnissen führt, kann auch als Anlass für eine »alternative Intentionalität« (vgl. ebd.) begriffen werden, *und genau darauf zielt der Dreischritt.* Denn Effizienz und Technologie sollten ihren Platz in der Industrie haben, aber nicht in der Pädagogik. In allen Berufen, in denen das Wohlergehen und die Entwicklung von Menschen im Mittelpunkt stehen, sollten Gedanken der Effizienz und der Technologie nur dienende, nicht beherrschende Funktion haben. Planen, Berechnen, Etikettieren, Standardisieren von Lebensbezügen wird zur strukturellen Gewalt, wenn dabei menschliche Bedürfnisse, Wahrnehmungen und Erfahrungen weitgehend ausgeblendet werden und die standardisierte Regelerfüllung wichtiger wird als die Sache selbst – in unserem Falle die Bildung und das Leben der jungen Menschen. Das Entscheidende vollzieht sich in der Begegnung und Beziehung zwischen Menschen, also im intersubjektiven Handeln, und lässt sich nicht wie ein industrielles Produkt herstellen.

»Alternative Intentionalität« in der Pädagogik bedeutet also die Ermöglichung von je eigenen Erkenntnissen, statt der Vermittlung von vorgegebenem Sachwissen als fremd bleibendem »Stoff« und berücksichtigt dabei das subjektive Zusammenspiel von Aneignung, Wachstum und auch von möglichem temporären Scheitern an der Herausforderung des schulischen Fächerkanons und Leistungsanspruchs.

Diese »alternative« Absicht ist durchaus pädagogisch, sie vollzieht sich aber in einem offenen Feld der Spontaneität des handelnden, denkenden und erkennenden Subjekts. Die Unverfügbarkeit des menschlichen Seins wird dann nicht als Hindernis, sondern als bleibende und akzeptierte Herausforderung begrüßt. Diese Herangehensweise ans didaktisch-methodisch-pädagogische Feld setzt die subjektive innere Freiheitsfähigkeit der SchülerInnen voraus und fördert sie bewusst, statt die SchülerInnen als Objekt einer technologischen Herstellungsabsicht im Sinne einer Entfremdungslogik zu unterziehen. Ein Schüler, der aus einer staatlichen Schule zu uns wechselte, fasste das einmal sehr treffend in eigene Worte: »In normalen Schulen arbeiten die Lehrer mit dem Stoff, an der Herder-Schule arbeiten die Lehrer mit den Schülern.« Wie lässt sich nun im Schulkontext dieser Dreischritt aus erleben – erfahren – erkennen konkret umsetzen? Bevor wir uns Praxisbeispielen zuwenden, zwei Klärungen vorab:

Erstens: Als Voraussetzung der Verwirklichung dient uns der Umstand, dass es sich um Verben handelt und dieser Umstand hat eine tiefere Bedeutung. Es geht um lebendige Prozesse, die geschehen, die sich vollziehen, sich ereignen, nicht um einen didaktischen Instrumentenkoffer.

Wollen wir den Dreischritt ins Englische übersetzen, gibt es ein Problem, da beide Verben erleben und erfahren nur passend mit *making experiences* übersetzt werden können. Es gibt Anknüpfungspunkte an das *learning by doing* in der Nachfolge des pragmatischen und reformpädagogischen Ansatzes von John Dewey (Konrad, Franz Michael und Knoll, Michael (2018): John Dewey als Pädagoge. Erziehung – Schule – Unterricht.) Auf Englisch könnten wir also *making experiences – learning by doing – winning knowledge* wählen, wenn auch die Bedeutungen nicht ganz übereinstimmen.

Zweitens: An dieser Stelle möchte ich betonen, dass die wissenschaftliche Auseinandersetzung mit reformpädagogischen Ansätzen zwar inspirierende Impulse für die Formulierung und Ausgestaltung der Dreischritt-Pädagogik geliefert hat. Der neue methodische Ansatz hat sich aber im Wesentlichen auf der Basis der täglichen Schulpraxis an der Herder-Schule entwickelt.

2.5 Die Verwirklichung der Dreischritt-Methodik: *Indoor*- und *Outdoor*projekte

Im Folgenden wird die Umsetzung des Dreischritts *erleben – erfahren – erkennen* anhand einer Auswahl von Praxisbeispielen aus dem Schulalltag geschildert. Die empirische Grundlage bilden die Beobachtungen und Erfahrungen an der Herder-Schule Pielenhofen, es handelt sich also um einen idiographischen Ansatz.

Die Herder-Schule ist eine Privatschule, die sich im schwierigen Umfeld der konservativen bayerischen Schulpolitik für die Schularten Realschule und Fachoberschule entschieden hat, um unter dem Motto »Freiraum für Entwicklung« für eine breite Schülerschaft eine Alternative zum staatlichen Schulsystem zu bieten. Gesamtschulen ohne Unterscheidung in Schularten können in Bayern nicht gegründet werden; diese inklusive Schulform wird nicht unterstützt, sodass sich die Schulformen Realschule und Fachoberschule unter einem Dach als Alternative angeboten haben, zumal diese Schularten den Vorteil bieten, dass die SchülerInnen in beiden Formen Profile wählen können, die ihren Interessen und Neigungen entsprechen. An der Herder-Schule, einer Sekundarschule ab der 5. Klasse, werden die Profile Kunst und Französisch ab der 7. Klasse in der Realschule zur Wahl gestellt und Gestaltung/Medien und Soziales als Profil in der Fachoberschule angeboten. Die Fachoberschule für Gestaltung und Soziales kann auch von externen SchülerInnen als Oberstufe gewählt werden. Ebenso steht es den SchülerInnen nach dem Absolvieren der Mittleren Reife frei, sich für Profile an anderen Schulen oder für eine Ausbildung zu entscheiden. Neue SchülerInnen werden nach der 10. Klasse des Gymnasiums oder der Realschule in unserer Fachoberschule aufgenommen, wenn sie nach frischer Motivation suchen und mit dem Gestaltungszweig oder dem Sozialzweig den Schwerpunkt auf das persönlichkeitsstärkende Profil legen wollen. Da wir ein angegliedertes Kulturzentrum und Seminarhaus in unserem weitläufigen Gebäude, dem Kloster Pielenhofen, betreiben (www.herder-kulturzentrum.de), ist die Sekundarstufe II, die Fachoberschule, auch offen für SchülerInnen aus anderen Regionen, die bei uns ein Zimmer anmieten können. Die Herder-Schule ist von Anfang an mit einer Schulkultur der Beziehungs- und Erlebnisorientierung angetreten. Die Methodik des Dreischritts aus *erleben – erfahren – erkennen* bildet das Fundament der Arbeit an der Herder-Schule und wird prozessual und dynamisch von der Schulleitung und den Lehrkräften an der Herder-Schule weiterentwickelt. Da dies als eine Teamaufgabe verstanden wird, entsteht immer wieder neu eine motivierte und kreative Werkstattatmosphäre. Förderverein und Elternschaft bringen sich mit eigenen Ideen ein und unterstützen die Schulkultur der Herder-Schule. Das aber soll nicht heißen, dass nur reformorientierte Privatschulen die Lebensdistanz des normierten Schulunterrichts überwinden können.

Grundsätzlich hat jede Schule die Möglichkeit, den Dreischritt als kreative neue Methodik zu verankern und Lebensnähe in den Schulalltag zu holen. Ob einzelne Lehrkräfte in den Schulfächern oder – noch besser – ganze Fachschaften oder – besonders wirksam – die Zusammenarbeit eines reformfreudigen Kollegiums mit einer engagierten Schulleitung: Die Umsetzung der Dreischritt-Pädagogik ebnet den Weg zu einer Schulkultur, die den SchülerInnen neue Erfahrungen eröffnet, Türen ins Leben aufstößt und eine Methodik bietet, die sowohl physische und psychische als auch intellektuelle Reifung ermöglicht.

Die Zusammenschau der sozialen, intellektuellen und emotionalen Förderung der Kinder und Jugendlichen in der Schule ist eine der wichtigsten Voraussetzungen für seelische Gesundheit sowohl der KlientInnen – also der SchülerInnen – als auch der Lehrkräfte, die dann nicht als – oftmals frustrierte – WissensvermittlerInnen, sondern als ganzheitliche Lebensförderer wahrgenommen werden und für sich selbst damit ein anderes Selbstverständnis von ihrem Beruf als Lehrkraft entwickeln können. Ein Aufwachsen, das der seelischen Gesundheit von Kindern dienlich sein will, sollte im familiären Bereich und in der Schule Geborgenheit, Freiheit und altersgerechte Herausforderungen bieten. Denn gerade im 21. Jahrhundert, wo sich das traditionelle Familienmodell immer mehr auflöst, muss auch die Schule Verantwortung für die seelische Gesundheit und eine altersgerechte Förderung übernehmen, um eine fehlende Chancengleichheit von Kindern aus fragilen Familiengefügen auszugleichen. In der Schule geht es dann nicht um familiäre Geborgenheit, sondern um Zughörigkeit zur Schulgemeinschaft. Freiheit verwirklicht sich in der Schulpraxis in Freiräumen für Potentialentfaltung. Darüber hinaus brauchen Kinder und Jugendliche in der Schule wie in den Familien altersgerechte Herausforderungen, an denen sie wachsen können. Um im Schulalltag den methodischen Dreischritt anzulegen, gilt es bei den Kindern und Jugendlichen zuerst ein Gefühl der Zugehörigkeit zu ihrer Schule zu fördern. Dazu brauchen wir eine Willkommenskultur: Die SchülerInnen sollen sich willkommen, angenommen und wohl fühlen dürfen an ihrer Schule, die Lehrkräfte treten Ihnen mit einer optimistischen und wohlwollenden Haltung gegenüber. Im nächsten Schritt müssen Freiräume geschaffen werden, die an jeder Schule geschaffen werden können, indem man Strukturen anlegt, die den methodischen Dreischritt erleichtern.

Der erste Schritt zu diesen Freiräumen an der Herder-Schule war die Entscheidung für den Doppelstundentakt. Die Stundentafel in Bayern ist in den jeweiligen Schulordnungen für alle staatlichen und staatlich anerkannten Privatschulen verbindlich vorgegeben, es kann nicht langfristig davon abgewichen werden. Aber durch den Doppelstundentakt verändert sich die Taktung des Schulalltags erheblich. Statt sechs und mehr Fächer am Tag, haben die SchülerInnen nur drei bis vier Fächer am Tag. Die Lehrkräfte gewinnen Zeit für die Dreischritt-Methodik und damit für lebensnahe Zugänge und für den Einbezug der Ideen der SchülerInnen. Ein »Ausklinken aus den Programmzeiten der Umwelt, das Innehalten und die aktive Einrichtung eigenzeitlicher Strukturen« (vgl. Reheis, Fritz (2004): Nachhaltigkeit, Bildung und Zeit, S. 185) sind eine wichtige Voraussetzung für Wohlbefinden und seelische Gesundheit. Dieser Aufgabe hat sich die Herder-Schule gestellt, ohne ein dogmatisches oder ideologisch eingefärbtes Zeitmodell zu favorisieren oder vorauszusetzen, sodass »Eigenzeitlichkeit« für alle SchülerInnen gleich wichtig und von Anfang an umsetzbar ist.

Durch den Doppelstundentakt kommt mehr Ruhe und Gelassenheit in den Schulalltag und es wird möglich, zeitlich den Zugang zu Wissen und Erkenntnis anders auszuschöpfen: Denn wir lernen auch außerhalb der Schule! So hat sich das Kollegium der Herder-Schule im zweiten Schritt die Selbstverpflichtung auferlegt, die fächerspezifischen Unterrichtsthemen regelmäßig über das ganze Schuljahr verteilt durch zum Thema passende Exkursionen erlebnisorientiert zu vermitteln. Denn regelmäßige Exkursionen sind als Bereicherung des Unterrichts wesentlicher Bestandteil der Dreischritt-Methodik. Durch den Doppelstundentakt als Zeitstruktur lassen sich leichter Stunden tauschen, wenn ein Schultag für Exkursionen genutzt wird, da es jeweils nur um zwei Fächer geht, die am Exkursionstag ausfallen.

Es gibt eine Fülle von außerschulischen Bildungsreinrichtungen und lohnenden Exkursionszielen, die kreativ von unseren Lehrkräften in die Vermittlung und Aneignung der Unterrichtsthemen miteinbezogen werden. Der Gewinn für alle kann gar nicht hoch genug veranschlagt werden: Es werden Routinen durchbrochen und anhand der gewonnenen Erlebnisse neue Erfahrungen und Erkenntnisse angebahnt. Soziale und emotionale Begegnungen der KlassenkameradInnen sowie der Lehrkräfte mit den SchülerInnen in außerschulischen Kontexten bereichern das Klassenklima. Die Verbindung von schulischer und außerschulischer Bearbeitung von Themen vermindert die Abhängigkeit der SchülerInnen von der Vermittlung durch nur eine Lehrkraft und schafft dadurch neue kreative Zugänge zu den Wissensgebieten des Lehrplans. Exkursionen sind nicht zu verwechseln mit Ausflügen, die Erholungs- und Freizeitcharakter haben. Unsere Kanutouren auf der Naab im Sommer beispielsweise sind Ausflüge, aber unsere Exkursionen sind Unterricht, sie werden vor- und nachbereitet und mit Aufgabenstellungen verknüpft. Gegenüber den SchülerInnen achten wir auf die richtige Bezeichnung unserer Schülerfahrten, um das Bewusstsein dafür zu stärken, dass Exkursionen kein »Edutainment« sind, sondern Schulunterricht mit Erfahrungs- und Erkenntnisanspruch. (Vgl. Online Lexikon für Psychologie&Pädagogik https://lexikon.stangl.eu/23405/edutainment)

Einige Beispiele mögen das erhellen: Unsere Fahrt zur Leipziger Buchmesse bedeutete ein Erlebnis des Eintauchens in die Welt der Bücher. Die

Kosten wurden vom Förderverein bezuschusst. Die teilnehmenden SchülerInnen von der 8. Klasse bis zur Oberstufe konnten bei der Buchmesse auf ganz neuartige Weise die Welt der Bücher erleben und mediale Kontexte rund um das Thema Bücher dort selbst erfahren. Anhand der von unseren Lehrkräften gestellten altersgerechten Aufgaben durften sich die SchülerInnen frei auf der Buchmesse einen Tag lang bewegen. Die SchülerInnen wünschten sich die Wiederholung dieser Fahrt im nächsten Jahr, die dann wegen der Corona-Pandemie zwischenzeitlich ausfallen musste.

Das Deutsche Museum in München bietet regelmäßig interessante Aktionen und Erfahrungen zu Themen der Naturwissenschaft an. Die Museumspädagogik ganz allgemein ist an den allermeisten Museen hervorragend entwickelt und bietet für SchülerInnen Anreize, sich erfahrungsreich und nachhaltig mit den verschiedensten Themengebieten auseinanderzusetzen. Für Erlebnisse und Erfahrungen von ökologischen Zusammenhängen bietet sich der Besuch von Erlebnisbauernhöfen an (in Bayern vom Kultusministerium gefördert: https://www.stmelf.bayern.de): Im Schuljahr 2022/23 beispielsweise haben wir mit der 5. und 6. Klasse gleich in der ersten Schulwoche die Themen Leben mit Tieren, gesunde Ernährung und nachhaltiges Handeln mit einem Erlebnistag auf dem Bauernhof vertieft. Ebenso eignet sich der Besuch von Naturparks, wo es Bildungsprogramme für Schulklassen gibt, die von *Rangern* durchgeführt werden. Der Bezug zur eigenen Region lässt eigene Schwerpunktsetzungen bei Exkursionen der jeweiligen Schule zu und fördert die Erweiterung des Erfahrungshorizonts der SchülerInnen in der je eigenen Region. Sofern die Schule Raum und Platz dafür hat oder Flächen dazupachten kann, bietet sich die Bewirtschaftung eines Schulgartens an. Im Rahmen des Bildungsprogramms für nachhaltige Entwicklung kann mithilfe der sogenannten *GemüseAckerdemie* (www.gemueseackerdemie.de) jede Schule bei der Anlage und Pflege eines Schulgartens Unterstützung erhalten, der ein Ort des Erfahrungslernens par excellence ist.

Bei uns an der Herder-Schule nutzen wir den alten Klostergarten, stellen Apfelsaft aus unseren alten Apfelsorten her, führen Gartenprojekttage mit der ganzen Schule durch, bauen Gemüse an, imkern in den Bienenhäusern und wollen auf dieser Grundlage im nächsten Schritt eine Schülerfirma *Honig aus dem Klostergarten* fachübergreifend mit den Fächern Wirtschaft, Kunst, Biologie und Chemie gründen. Sowohl Physik- als auch Chemieunterricht wird an der Herder-Schule mit den Erlebnissen und Erfahrungen im Schulgarten verknüpft. Da werden Bewässerungsanlagen in Physik gebaut, es werden Bodenproben in Chemie analysiert oder Kleinstlebewesen mikroskopiert, Gewichtsmaße beim Abwiegen der Gemüseernte eingesetzt und die Vorteile von saurem oder basischem Boden erörtert.

Das Flow-Erlebnis des ergebnisorientierten Tuns bei herausfordernden Projekten unterscheidet sich fundamental vom gängigen Leistungsmodell der Schule: Statt Lernleistung im Tauschwert gegen Noten, die wiederum über Lebenschancen entscheiden, liegt hierbei die Belohnung im Handeln selbst. Das Ergebnis wird sichtbar und greifbar – im Schulgarten, beim Imkern, beim Referat im Museum während der Exkursion, bei der Ausstellung in der Schule für Eltern und MitschülerInnen. Dies alles kann sowohl als individuelle Bereicherung für die einzelnen SchülerInnen als auch als Bereicherung der Klassengemeinschaft oder Schulgemeinschaft erfahren werden.

Einer unserer Schüler, der hochgradig an ADHS litt und Probleme mit dem Unterricht im Klassenzimmer hatte, blühte bei methodischen Dreischritt-Projekten regelmäßig auf. Seine »Defizite« beim ruhigen Arbeiten im Klassenzimmer konnte er bei lebensnahen Projekten ausgleichen und wurde von den Lehrkräften als auch von seinen KameradInnen als besonders kompetent wahrgenommen und geschätzt. Beim ersten Projekttag im Schulgarten, an dem er als neuer Schüler teilnahm, reagierte er auf die Ansage »Es ist Pause, ihr könnt in den Hof gehen« mit Protest und rief »Ich will keine Pause, ich will arbeiten!«. Er ging ganz und gar in seinem Tun auf und wollte sein Ziel erreichen, das Beet fertig umzugraben. Die Zeittaktung des Schulvormittags war dabei unwichtig geworden. Natürlich durfte er weiterarbeiten. Als älterer Schüler übernahm er bei einem »Apfelprojekttag« (Ernte und Verarbeitung der schuleigenen Äpfel) die Küchenleitung und managte die Zubereitung des Mittagessens für alle souverän am Herd in der Schulküche, auch hier wieder ganz in seinem Element, was ihm den Respekt der Lehrkräfte und MitschülerInnen einbrachte.

Erlebnisorientierung in der Schule sollte also nicht verwechselt werden mit einer netten zeitweisen Abwechslung zur eigentlichen Arbeit in der Schule: Nachhaltige, handlungsorientierte Projekte sind bei der Dreischritt-Methodik das Mark der schulischen Arbeit! So kann Selbstwirksamkeit erlebt werden. Es führt aus der entfremdeten Komfortzone des Stillsitzens und Auswendiglernens für den nächsten Test hinein ins Leben durch Echtzeiterfahrungen und reale Herausforderungen. Dabei werden Lebenskompetenzen gelernt, die über die Schule hinausweisen und damit als sinnvoll für das eigene Leben wahrgenommen werden können. Der Prozesscharakter des Lernens kann am Aufbau nachhaltiger und langzeitlicher Projekte – wie dem Aufbau eines Schulgartens oder einer Schülerfirma – nachvollzogen werden. Statt um kurzfristigen Wissenserwerb geht es hier um echtes Lernen. Lernen ist ein Verb, also ein Prozess, der uns unser Leben lang beschäftigt!

Ein Beispiel für ein motivierendes *Indoor*-Projekt aus der Praxis ist das Format *Jugend debattiert* (www.jugend-debattiert.de), an dem auch die Herder-Schule seit Jahren teilnimmt. Es handelt sich um einen bundesweiten Wettbewerb für Sekundarstufe I und II, die Teilnahme steht grundsätzlich jeder Schule und jeder Schulart offen. Hier geht es um schülerrelevante Themen im Bereich Politik und Gesellschaft, die Teilnahme bedeutet eine intensive Einübung in Demokratie. Den Themenspeicher zu den Übungen bestimmen die SchülerInnen demokratisch selbst. Die Rhetorikschulung von *Jugend debattiert* dürfen nur Projektlehrkräfte durchführen, die die einschlägigen Fortbildungen besucht haben. Die teilnehmenden SchülerInnen werden schulintern zu Juroren ausgebildet und lernen somit das Handwerk der objektivierenden Bewertung von Kommunikationsleistungen. Das Sprechen vor der Klasse, der Wettbewerbscharakter des Formats bedeutet eine echte Herausforderung, der sich die SchülerInnen nach unserer Erfahrung gerne stellen. Viele Rhetorikübungen sind mit Spaß und Witz verbunden, sodass es lebendig und frisch zugeht. Die eigentlichen Debatten haben ein festgelegtes Format, das erfüllt werden muss, aber innerhalb dessen sich die rhetorische Leistung der SchülerInnen entfalten kann. Es bietet sich an, den Schulwettbewerb als Event für die ganze Schule zu gestalten. Das Ziel des Formats des Wettbewerbs ist, SchülerInnen zum freien Sprechen zu motivieren. Im herkömmlichen Unterricht in (zu) großen Klassen gehen Redebeiträge der SchülerInnen zu oft unter oder sind Teil der Notengebung, sodass nicht alle angemessen zu Wort kommen. Bei *Jugend debattiert* üben sich alle SchülerInnen in Rhetorik; der methodische Aufbau des Projekts reicht über witzige Kurzbeiträge als Einstieg bis hin zu ausgefeilten Debatten. Es gilt dabei immer demokratische Spielregeln einzuhalten und die

Fähigkeit zu schulen, die Perspektive des Gegenübers nachzuvollziehen und daran anzuknüpfen – gerade in Zeiten einer zunehmenden Spaltung im politischen Spektrum eine überaus wertvolle Übung! Wenn das Format von manchen Schulen allerdings nur als Ersatz einer schriftlichen Schulaufgabe in der 9. Klasse genutzt wird, ohne dass das ganze Spektrum des Projekts umgesetzt wird, und sich nur wenig teilnehmende Mittelschulen und Realschulen finden, wird der eigentliche Sinn des Projekts allerdings verfehlt. Es liegt an Lehrkräften und Eltern hier von allen Schulen mehr Engagement zu fordern. Wenn in den Kultusministerien Projektlehrkräfte mehr Anrechnungsstunden erhielten, würde das sicherlich auch einen Motivationsschub bedeuten für diese Art der Demokratiebildung an Schulen, die jüngst im neuesten Beitrag von Julian Nida-Rümelin und Klaus Zierer mit Nachdruck gefordert wird. (Vgl. Nida-Rümelin, Julian und Zierer, Klaus (2023): Demokratie in die Köpfe. Warum sich unsere Zukunft in den Schulen entscheidet.)

Alle diese *Indoor*- und *Outdoor*projekte haben etwas gemeinsam: Es geht dabei darum, neue Herausforderungen im Team zu meistern, ob *outdoor*, zum Beispiel beim Anlegen von Gemüsebeeten, oder *indoor*, zum Beispiel bei der Gestaltung einer Debatte und deren Bewertung. Die Fokussierung auf die Vereinzelung bei der herkömmlichen Leistungsbewertung wird also bei der Dreischritt-Methodik überwunden. Einzelkämpfertum führt zur Vereinsamung, Teamherausforderungen stärken die Kooperationsbereitschaft und den kokreativen Teamgeist in der Schule. »An ihren Werken sollt ihr sie erkennen« – eine Schulkultur voller Erlebnisse, Erfahrungen und darauf aufbauender lebendiger Erkenntnisse wird sichtbar und erfahrbar im Schulgebäude, bei der Begegnung mit den SchülerInnen, bei Ausstellungen und Festen. Die ganzheitlichen Herausforderungen bei *Indoor*- und *Outdoor*projekten richten sich nicht nur auf das Gehirn und seine Lernleistung, sondern auch auf die Körperlichkeit der jungen Menschen, die in der Schule so oft hintanstehen muss. Die häufig diagnostizierte Hyperaktivität (ADHS) ist zu einem Teil hausgemacht. Wenn der Körper beim Lernen nicht beteiligt wird, muss er das Zappeln anfangen.

Bei den geschilderten Projekten ist der Körper immer miteinbezogen: Zum Beispiel im Schulgarten bei der Gartenarbeit, oder bei Jugend debattiert mit Mimik und Gestik als Teil der Rhetorikschulung oder – als besonderes aussagekräftiges Beispiel – beim Apfelprojekttag im Herbst, an dem alle fünf Sinne gefragt sind: Fühlen, ob der Apfel eine Druckstelle hat und deswegen nicht gelagert, sondern zu Saft verarbeitet wird, riechen der frisch geernteten Äpfel und der zubereiteten Speisen (was für ein Duft nach Apfel und Zimt!), sehen und erleben, wie man das Gemeinschaftsbild zur Apfelernte zusammen gut gestalten kann, hören der Geräusche im herbstlichen Garten, und als krönender Abschluss schmecken der gemeinsam zubereiteten Apfelspeisen und des frisch gepressten Apfelsafts. Die Erlebnisse eines solchen Tages als Erfahrungshintergrund für neue Erkenntnisse über das Leben in der Natur, über unsere Nahrung und deren Zubereitung, über die Bedeutung ökologischer Zusammenhänge können nicht angemessen im Kontext einer herkömmlichen Methodik des Schulunterrichts vermittelt werden.

Bei einem solchen Projekttag, der selbstverständlich im Unterricht vor- und nachbereitet werden muss, steht das Stiften von Zusammenhängen im Vordergrund – und zwar zwischen Erkenntnisgegenständen, also Themen der Schulfächer, und zwischen dem Lebenshunger des Geistes, der Seele und des Körpers der SchülerInnen. Die pädagogisch wenig durchdachte schulische Häppchenkost mit Filmausschnitten, Arbeitsblättern, digitalen Tools und Methodenspielereien ohne Sinnstiftung macht nicht satt! Wenn wir im bayerischen Lehrplan die nüchternen Aufforderungen im typischen Lehrplan-Sprech nachlesen, denen ein solcher Projekttag entspricht, wird deutlich, dass es allein auf die Fantasie der Lehrkräfte bei der Umsetzung ankommt, damit für das Leben gelernt wird und Lebenskompetenzen erworben werden, die wirklich nachhaltig das Leben bereichern. Hier heißt es: »Verantwortungsbewusstsein für die Umwelt wecken«, »im Rahmen der Bildung für Nachhaltige Entwicklung die Schülerinnen und Schüler beim Erwerb der Kompetenzen zu unterstützen, die sie befähigen, nachhaltige Entwicklungen als solche zu erkennen und aktiv mitzugestalten.« (Vgl https://www.lehrplanplus.bayern.de/uebergreifende-ziele/textabsatz/24777)

Wollen wir der Sehnsucht nach Leben der Kinder und Jugendlichen, die uns in der Schule anvertraut sind, gerecht werden, müssen wir Erlebnisse ermöglichen, aber in offener und freier Form, indem wir sie als Freiräume gestalten und nicht als curricular aufgebaute Module mit Abfrage und Notenbildung als ultimativen und verbindlichen Zielpunkt, sondern möglichst oft mit einem sichtbaren und erlebbaren Ergebnis jenseits der Benotung. Ein wunderbarer Effekt der Dreischritt-Methodik ist das Erlebnis einer neuen Zeitökologie: Eigenzeit, zyklische Zeit, lineare Zeit und getaktete Zeit werden hier bei unterschiedlichen Indoor- und Outdoorprojekten als gleichrangige Zeitmodelle erlebt, erfahren und im Unterricht – z. B. im Fach Ethik oder Deutsch – auch reflektiert und erkenntnisbezogen ausgewertet. Die übliche Unterwerfung des Lernens in der Schule unter eine gleichbleibende entfremdete Zeitlogik im 45-Minutentakt des Fächerunterrichts tritt so in den Hintergrund vor der Ermöglichung der Erfahrung eines tieferen Sinns bei der Auseinandersetzung mit Erkenntnisfragen. Damit lassen wir die Individualität der Erlebnisse zu und gleichzeitig ermöglichen wir auch einen neuen beziehungsstiftenden Zugang zu den SchülerInnen. Denn bei der Dreischritt-Methodik können wir an unseren SchülerInnen immer wieder neue und überraschende Seiten kennenlernen; wir selbst als Lehrkräfte öffnen uns also auch dem Dreischritt des Erlebens, des vertieften Erfahrens und des daraus gewonnen Erkennens von neuen Aspekten in Bezug auf unsere Profession: Unterricht und Pädagogik. Zughörigkeit durch eine wohlwollende und nichtwertende Beziehungskultur, Freiräume durch eine andere Zeitgestaltung des Schulalltags und durch Exkursionen sowie altersgerechte Herausforderungen in *Indoor*- und *Outdoor*projekten verändern tiefgreifend die Erfahrungswelt der Schule und machen sie zu einem lebendigen Ort.

2.6 Erkenntnis als Erlebnis

Wenn sich Schule für alle Kinder zu einem Ort des Gelingens und der Freude am Lernen wandelt, kann Schule zu einem Ort der Begegnung und der Welterschließung werden. Das kann jede Schule leisten, wenn sie sich als großartige Möglichkeit versteht, lebendiges Wissen gemeinsam mit jungen Menschen zu generieren, gemeinsam zu leben, zu arbeiten und Feste zu feiern. So wird Erkenntnis zum Erlebnis. Die Schule verwandelt sich von einer Institution der Verwaltung von Alterskohorten der SchülerInnen, die in erster Linie der Weitergabe eines fremd bleibenden Wissenskanons und der Chancenvergabe unter Wettbewerbsbedingungen dient, zu einer einladenden Begegnungsstätte der Mitgestaltung von Welt. Sie kann so eine »Autorschaft des eigenen Lebens« (vgl. Nida-Rümelin; Zierer ebd.) ermöglichen.

Auch wenn es sich wohl im Beitrag des Philosophen Julian Nida-Rümelin und des Erziehungswissenschaftlers Klaus Zierer zur Bildungsdebatte wieder einmal um eine typische und utopische Überfrachtung der Bildungsinstitution Schule handelt, da im Untertitel nicht weniger behauptet wird, als dass die Autoren meinen darlegen zu können, »warum sich unsere Zukunft in den Schulen entscheidet«. Dennoch wird in dem Beitrag deutlich gemacht, dass ein Um- und Weiterdenken in Bildungsfragen unumgänglich ist. (Vgl. Nia-Rümelin; Zierer a. a. O.) Wenn wir der Sehnsucht nach Leben gerecht werden wollen, sollten wir aber sowohl an die Köpfe wie auch an die Herzen unserer SchülerInnen appellieren. Denn die ansonsten abstrakt bleibenden schulischen Ansprüche können vor allem dann als berechtigte Forderungen von den SchülerInnen angenommen werden, wenn sie als freie Individuen und lebendige Menschen gewürdigt und zur Entdeckung ihrer Möglichkeiten und Grenzen herausgefordert werden.

Leider trägt aber die Dominanz des bürokratischen Rechtswesens in sozialen Lebenswelten der modernen Industriegesellschaften gerade in der Schule zu einer absurden Abkehr vom eigentlichen Thema der Schule bei: Die Bemühungen der Schulaufsicht und der Kultusministerien geht vorrangig nicht mehr um Bildung und Erkenntnis, sondern um die Einhaltung des rechtlichen Regelkanons der Schulgesetze und Schulverordnungen. Juristen haben das Sagen. Dieser Sachverhalt führt dazu, dass Schule zwar den Maßstäben des Schulrechts gerecht wird, aber nicht den wirklichkeitstauglichen Erfordernissen und Bedürfnissen der jungen Menschen und ihrer Familien, um die es geht, und auch nicht um die Anforderungen, die später im Leben zählen werden – nämlich Eigenverantwortlichkeit und selbstständiges Denken.

Diese nicht nur im Schulbereich zu beobachtende »Kolonialisierung der Lebenswelt« (Jürgen Habermas, a. a. O.) führt zur Zersetzung von Vertrauen und der offen kommunikativen Beziehung zwischen den Klienten des Schulsystems und den Akteuren. In der formalisierten und bürokratisch durchverwalteten Schule wird lebendige Erkenntnis ersetzt durch das Abarbeiten von Stoffplänen zur Einordnung und Etikettierung der SchülerInnen in Hinblick auf ihre Tauglichkeit für den Arbeitsmarkt.

Das Herausdestillieren der Herrschaftsverhältnisse und der strukturellen Gewalt dieser Verhältnisse, die an der Schule meist unhinterfragt und unbewusst tradiert werden (der schon angesprochene »heimliche Lehrplan«), ist die Voraussetzung dafür, einen neuen lebendigen und emphatischen Bezug zur Bildung und den zu Bildenden zu stiften. Das bedeutet ganz konkret: Wir müssen uns selbst und unseren Kindern gegenüber ehrlicher werden! Schaffen wir also die Voraussetzungen für eine andere Schulkultur, in der lebensweltliche Argumente von Betroffenen wieder in den Mittelpunkt rücken: Wir leben in einer Demokratie, wir haben umfassende Freiheitsrechte, jeder hat das Recht auf die freie Entfaltung seiner Persönlichkeit im Rahmen des Schutzes und der Wahrung der Freiheiten seiner Mitmenschen (Grundgesetz Art. 2), wir vertreten in der Öffentlichkeit einen Wertehorizont, der Mitgefühl und Mut propagiert. Ein solcherart emphatisch gestalteter Bildungsbegriff ist eine wirkmächtige »Medizin«: Er kann durch das Erlebnis der selbstbestimmten Gestaltung und Aneignung lebendigen Wissens als Mittel gegen Erschöpfung im Gewand von Depression und Burn-out bei SchülerInnen und Lehrkräften wirken. Werden wir also wahrhaftig »Schulen mit Courage« und ohne Vorurteile (https://www.schule-ohne-rassismus.org) und machen uns auf den Weg ins Leben! Dazu gehört an erster Stelle die Einsicht, dass Erkenntnis ein geistiger und lebendiger Prozess ist, der allen SchülerInnen aller Schularten offensteht und schon im frühen Kindesalter gefördert werden kann und muss. Die Förderung der Kreativität des denkenden und erkennenden Subjekts mithilfe der Dreischritt-Pädagogik *erleben – erfahren – erkennen* differenziert nicht nach Einordnungen ins Schulsystem, sondern will allen Kindern und Jugendlichen »Erkenntnislust« vermitteln. Diese Methodik hilft also die typische Schulunlust zu überwinden, die ja oft deswegen grassiert, da den SchülerInnen die Bildungsinhalte fremd bleiben, weil sie unverdaut geschluckt und wiedergegeben werden müssen.

Bei einer von Prof. Dr. H. Christians organisierten Bildungstagung am Institut für Künste und Medien Potsdam (https://www.zem-brandenburg.de/akteure/prof-dr-heiko-christians/), bei der wir die Herder-Schule und die Dreischritt-Pädagogik vorstellen durften, thematisierte ein Gymnasialdirektor sein Anliegen mit der Überschrift »Schule als geistigen Prozess verteidigen«. Seine Stoßrichtung ging gegen eine von ihm konstatierte Nivellierung des intellektuellen Anspruchs in der Gymnasialpädagogik. Allerdings wurde durch seine Ausblendung der anderen Schularten und seine einseitige Betonung des geistigen Aspekts deutlich, dass er Erkenntnis und anspruchsvolle intellektuelle Arbeit als Kerngeschäft der Schulart Gymnasium verorten wollte. Damit verfolgte er einen exklusiven Bildungsanspruch, der die Schulkultur in Deutschland prägt – eine typische Denkfigur, die auch im öffentlichen Diskurs über Schule oftmals zu finden ist. Zielführender ist es, die Bedürfnisse und Sehnsüchte von Kindern und Jugendlichen jenseits der Einordnung ins Schulsystem als Kompass für eine lebendige und anspruchsvolle schulische Bildung heranzuziehen, bei der lebensweltliche Bezüge sowie geistige Prozesse der Bewusstseinsbildung und der intellektuellen Weiterentwicklung Hand in Hand gehen. Warum sollen nicht alle SchülerInnen an ihren Schulen lernen zu gärtnern, zu kochen, kreativ zu werden und intellektuelle Arbeit zu leisten? Warum sollte Erkenntnis dem Gymnasium vorbehalten sein, während Kochen nur in der Mittelschule oder in der Realschule zentrales Fach ist? Warum »sollte das Denken selbst eigentlich kein Sinn sein? Warum wird es den Sinnen … entgegengesetzt?« (Vgl. Gabriel, Markus a. a. O., S. 250) Liegt es daran, dass wir Erkenntnis als »verkopftes« und rein rationales Substrat missverstehen? Um dieses Missverständnis aufzulösen, müssen wir leben und denken neu verknüpfen.

Das vertiefte Verstehen von Bildungsinhalten auf je Alter unterschiedlichen Niveaustufen und die Vernetzung von Erkenntnissen dienen der Emanzipation und der Autonomie des Einzelnen, also der Ausbildung der Mündigkeit. In einer Demokratie ein unerlässliches Bildungsziel! Das Erlangen von Gestaltungsfähigkeit des eigenen Lebens unter den politischen, wirtschaftlichen und sozialen Gegebenheiten der Gegenwart mit Einbeziehung handwerklicher und künstlerischer Kompetenzen gilt es genauso »zu verteidigen« wie die intellektuelle Aneignung von Welt – und zwar für alle Schularten! Leben und Denken sollten gleichberechtigt ihren Platz in allen Schulen finden, denn wenn die Sehnsucht nach Leben in der Schule aufgegriffen wird und im Rahmen der schulischen Möglichkeiten Ausgangspunkt und Motivation für die je eigene individuelle Bildungsbiografie ist, entgehen wir der Falle der Entfremdung. Das bedeutet nun aber nicht, die Schule zu überfrachten als Ort einer utopischen Überhöhung im Sinne von Weltverbesserungswünschen oder in der Schule einen vereinnahmenden Anspruch auf die ganze Lebenszeit und den Eigensinn der SchülerInnen zu verfolgen. Hier schießen Bücher, die sich kritisch mit dem Schulsystem auseinandersetzen gerne über das Ziel hinaus, wollen gar eine »Bildungsrevolution« anstoßen oder neigen dazu mit wenig Praxishintergrund das Heil in einer erneuerten Bildungslandschaft zu suchen. (Vgl. Precht, Richard David (2013), a. a. O.)

Wenn wir festhalten, dass *Erkenntnis als Erlebnis* eine zentrale Rolle beim Zugewinn von Motivation für schulische Bildungsinhalte spielt, können wir eine Hauptforderung von Precht nach mehr »intrinsischer Motivation« in der Schule durchaus unterstreichen. Routiniertes Abarbeiten von Lehrplanzielen ohne innere Begeisterung, ohne innere Verbindung zum Gelernten, führt zur Abspaltung der intrinsischen Motivation, die eigentlich bei Kindern genuin vorhanden ist. Die Brücke zum inneren Erleben immer wieder neu zu bauen, ist eine Kunst des Unterrichtens, die erlernbar ist. Dazu gehört als Voraussetzung die Bereitschaft der Lehrkräfte, ihre eigene Motivation für Bildung und Schule sowie ihr Handeln im Unterricht zu reflektieren und zu hinterfragen. Denn die eigene Motivation für den Beruf spielt eine zentrale Rolle: Sicherer Arbeitsplatz als Beamtin oder Beamter, gutes Gehalt, Vereinbarkeit mit Familie, lange Ferien? – Schlechte Voraussetzungen dafür, den Funken überspringen zu lassen, aber leider immer noch eine bedeutende Motivation für den Lehrberuf. Begeisterung für das eigene Fach, soziales Engagement für Kinder und Jugendliche, Offenheit für wissenschaftliche Fragestellungen und ein kritisch reflektiertes Welt- und Wissenschaftsverständnis? – Beste Voraussetzungen, ein langes Lehrerleben sinnerfüllt zu leben.

Pädagogische und didaktische Professionalität gilt es in jedem Falle schon während des Studiums anzulegen, damit SchülerInnen und Lehrkräfte ihr Aufeinandertreffen im System Schule im Sinne von existentiellen Begegnungen begreifen können und beide Seiten dabei viel über das Leben lernen. Diese Lehrkräfte schaffen es, dass SchülerInnen mit leuchtenden Augen von Unterrichtserlebnissen erzählen und sie die Prägung, zu der Lehrkräfte fähig sind, als positive biografische Erfahrung ihr Leben lang erinnern. Als Beispiel aus der Praxis für »Erkenntnis als Erlebnis« will ich ein Projekte aus unserer Abschlussklasse im Schuljahr 2020/21 anführen: Die SchülerInnen sollen auch selbst zu Wort kommen, indem ich Auszüge aus den Fragebögen zitiere, die ich nach Abschluss des Projekts erhoben habe. Diese 10. Klasse zeichnete sich durch eine wache Zeitgenossenschaft aus. Sie war motiviert, neue Erkenntnisse im Fach Politik zu gewinnen, und bemühte sich – intrinsisch motiviert – um ein vertieftes Verständnis der ökonomischen, ökologischen und sozialen Zusammenhänge, die das wirtschaftliche und gesellschaftliche Leben in Deutschland prägen.

Andere Klassen wären von ihrer Motivations- und Interessenlage für dieses Projekt nicht zu begeistern gewesen, sodass in Ethik andere Themen gewählt wurden, die »Erkenntnis als Erlebnis« ermöglichten. Passend für die Interessenlage dieses Abschlussjahrgangs 20/21 startete ich nach Rücksprache mit den SchülerInnen und ihrer Zustimmung das Projekt: Die SchülerInnen sollten jeweils ein Buch, das ein politisches, wirtschaftliches, soziales oder ökologisches Thema behandelte, lesen und vorstellen. Alle Bücher hatten wissenschaftliches oder populärwissenschaftliches Niveau. Die Bücher wurden nach dem Zufallsprinzip ausgeteilt, durften aber nach einer Einlesephase während des Unterrichts getauscht werden. Während der Vorbereitung der Referate zu Hause stand ich für Fragen per E-Mail zur Verfügung. In Zusammenhang mit dem Projekt wurde auch die Vorgehensweise der Informationsbeschaffung, der Beurteilung der Seriosität von Quellen und das Entstehen von *Fake News* und Verschwörungstheorien thematisiert. Ein selbst gewähltes Kapitel wurde bei den Referaten ausführlich vorgestellt, der gesamte Inhalt zusammengefasst. Eine durchaus anspruchsvolle Aufgabe für eine 10. Klasse im Fach Ethik unter dem Lehrplanthema »Gewissen und Verantwortung«, der sich die SchülerInnen mit Eifer und Begeisterung gestellt haben. Eine Schülerin nahm per E-Mail mit dem Autor ihres Buches Kontakt auf und stellte uns stolz unveröffentlichte Zitate des Autors in ihrem Referat vor.

Das Erlebnis, ein Buch mit wissenschaftlichem Anspruch vollständig durchzuarbeiten, eigene Erkenntnisse daraus zu gewinnen, sein Wissen zu erweitern und Hintergründe besser zu verstehen und gegenseitig gewinnbringend das neu erworbene Wissen zu teilen, wurde eine bereichernde Erfahrung für die ganze Klasse. »Erkenntnis als Erlebnis« kann auf diese Weise zur zentralen Voraussetzung für die viel beschworene Studierfähigkeit werden. Sobald sich die Schule nicht nur in einer einmaligen Seminarphase der gymnasialen Oberstufe die Vorbereitung der Studierfähigkeit zur zentralen Aufgabe macht, sondern von der ersten Klasse an, wird sich die Schulkultur verändern. Studierfähigkeit steht jedem gut an, unabhängig von der Berufswahl als HandwerkerInnen, TechnikerInnen, KünstlerInnen, AkademikerInnen oder Hilfskräfte: Dingen auf den Grund zu gehen und sich vertieft mit Fragestellungen auseinanderzusetzen, sollte Aufgabe in jedem Beruf sein und kann jeden Beruf zur Berufung machen, vor allem wenn dadurch die Wertschätzung des persönlichen Einsatzes und der Professionalität der ArbeitnehmerInnen in der Gesellschaft steigt. Erkenntnis als Erlebnis bereichert das Leben.

Hier will ich einige Zitate der SchülerInnen aus dem Fragebogen zu dem Projekt »Gewissen und Verantwortung: Vorstellung von ökonomischen, ökologischen und sozialen Zusammenhängen, die das wirtschaftliche und gesellschaftliche Leben in Deutschland prägen anhand ausgewählter Literatur« vorstellen: »Ich denke, um sich von etwas begeistern zu lassen, braucht man das Gefühl, dass das neu erlernte Wissen einem zu Nutzen sein wird.« Oder: »Erkenntnis als Erlebnis ist für mich, wenn man viel Zeit verbringt, um darüber [über ein Thema] nachzudenken«. Auf die Frage, ob sie sich vorstellen könnten, selbst AutorIn zu werden, antwortete eine Schülerin: »Tatsächlich könnte ich mir vorstellen, einmal Autorin zu werden. Sachbücher haben dabei eine bessere Chance. Mögliche Themen: Politik, Kritik an der Gesellschaft, etwas Medizinisches, Ernährung/Veganismus. Ich möchte mal einen Einfluss auf etwas Größeres haben, da die Welt, so wie sie ist, keinem zugemutet werden sollte. An Aufklärung muss noch einiges geleistet werden. Warum also nicht selbst Teil davon sein und aktiv werden?«

Eine Frage zum Wert der Kombination von Internetrecherche und Lesen eines Sachbuchs wurde einmal so beantwortet: »Ich finde es gut, ein Sachbuch und das Internet für die Recherche zu verwenden, um einfach die Meinung eines Experten und die Erfahrungen von anderen Menschen zu kombinieren.« Eine andere Schülerin merkte dazu an: »Ich finde es leichter mit einem Sachbuch zu arbeiten, da man im Internet schnell auf Unmengen von Meinungen, Fakten etc. stößt, die sich oft sehr widersprechen. Im Gegensatz dazu vermittelt ein Buch meist eine Sicht, Meinung etc., sodass es weniger und klarere Informationen sind, mit denen man arbeiten muss/kann.« Ein Schüler äußerte sich zu dieser Frage wie folgt: »Bei der reinen Internetrecherche wird man mit einer viel breiteren Meinungsvielfalt, allerdings auch mit vielen Halbwahrheiten oder Lügen konfrontiert. Bei dem Arbeiten mit einem Sachbuch und der darauffolgenden Informationsüberprüfung im Internet, übernimmt man tendenziell die Meinung des Autors und schafft sich eventuell keine eigene.« Bei der Frage, ob Erkenntnis ein Erlebnis für die SchülerInnen sein könne, antwortete eine: »›Erkenntnis als Erlebnis‹ bedeutet für mich, dass man nicht nur Informationen bzw. fertig ausgeführte Themen vorgelegt bekommt, sondern dass man mithilfe eines Projekts, eines Ausflugs oder einer anderen Aktion selbst auf Erkenntnisse, Denkanstöße, Ideen kommt und sich so selbst Wissen zu einem Themengebiete erarbeitet.« Eine andere Schülerin mahnte: »Um nachhaltig zu sein, muss der Unterricht spannend sein.« Oder es wurde von einem Schüler die Bedeutung von »Unterricht im Freien, selbstständig Themen erarbeiten, Schüler im Unterricht miteinbeziehen« als wichtig für den individuellen Erkenntnisprozess hervorgehoben. An anderer Stelle wurde die Beziehungsdimension des Unterrichts betont: »Erlebnischarakter haben für mich vor allem Unterrichtsstunden bei LehrerInnen, die ich gerne habe.« Ein Schüler, der sich mit großer Begeisterung seinem Thema widmete, fand, »dass es eine der schönsten Schularbeiten war, die ich je hatte«. Er bedauerte, dass nicht alle Zeit hatten, jedes vorgestellte Buch ganz zu lesen, merkte aber auch selbstkritisch an »es würde sich auch nicht ändern, wenn wir mehr Zeit bekommen hätten, da die meisten aus Faulheit eh wieder kurz vor knapp anfangen.«

Ein Ergebnis des Projekts wurde so formuliert: »Ich persönlich lese schon immer gerne und informiere mich auch regelmäßig über Themen, die mich interessieren, aber in Zukunft möchte ich häufiger Bücher für Recherchen nutzen.« Zur Arbeitsweise bei dem Projekt wurde an einer Stelle folgendes beschrieben: »Das Buchprojekt hat mich interessiert und teilweise begeistert, da mein Buch sehr inspirierend war und ich mochte es, dass wir so frei und selbständig arbeiten konnten«.

»Frei und selbständig arbeiten« – das sollte das Ziel der schulischen Methodik und Didaktik sein. Um dahin zu gelangen, müssen wir vom ersten Schultag Vertrauen in die Selbstlernkräfte der SchülerInnen haben, diese stärken und sie mit dem Ziel des Erwerbs der Selbstständigkeit anleiten. Dieses Ziel können wir durchaus mit ganz unterschiedlichen Methoden erreichen, je nach individuellen Begabungen und Persönlichkeiten in einer Schulklasse. Keinesfalls sollten wir darauf vertrauen, dass im Kind alles angelegt ist und sich ohne Inspiration von außen von alleine entfaltet. Die verantwortliche Lehrkraft hat die Aufgabe, für neue Themen zu begeistern, sich selbst weiterzubilden, um den SchülerInnen dabei zu helfen, sich neue Welten des Wissens zu erschließen, das auf dem vorhandenen Weltwissen aufbaut. Und die Lehrkraft muss in der Lage sein, auf der langen Bildungsreise eine verlässliche und beziehungsstarke BegleiterIn zu sein.

Ihre wertvollsten Kinder- und Jugendjahre verbringen unsere Heranwachsenden in der Institution Schule, bis sie auf eigenen Beinen stehen und aus der Schule in eine unsichere Zukunft entlassen werden, die sie auf der Basis der Erkenntnisse gestalten, die sie auf ihrem Bildungsweg erworben haben und weiterhin erwerben werden. Bildung ist eine inspirierende und sinnstiftende Lebensaufgabe. Für diese Lebensaufgabe können wir unseren Kindern von Anfang an in allen Bildungsinstitutionen und in den Familien Vorbilder und PartnerInnen sein, wenn wir uns darauf einlassen, »die vielen bestehenden Strukturen besser, vorurteilsfreier und kreativer zu verstehen, damit wir besser beurteilen können, was bestehen bleiben soll und was wir verändern müssen« (Gabriel, Markus, a. a. O. S. 255).

Kapitel 3

Möglichkeitsort Lebendige Schule

3.1 Ausgangspunkt: Ein erweiterter Vernunftbegriff als Inspirationsquelle

Wir leben in einer Zeit der Umbrüche und Krisen, dieses Jahrzehnt erfordert eine globale Kraftanstrengung, um das Überleben der Menschen auf diesem Planeten gerecht und human gestalten zu können. Der globale Süden verlangt von den Industrieländern, den Verursachern der enormen Verwerfungen, die unsere Existenz langfristig bedrohen, finanzielle Ausgleichszahlungen. Die Ausbeutung unserer ökologischen Ressourcen sind eine Tragödie für alle Menschen, die unmittelbar und konkret damit konfrontiert sind, aber auch für diejenigen, die sich bewusst mit den Problemen auseinandersetzen und am politischen Handeln der Verantwortlichen verzweifeln.

Das Paradigma des Fortschritts und des Wachstums auf Kosten unserer Lebensgrundlagen bestimmt immer noch das Denken und Handeln der Mehrheit. Pandemie, Naturkatastrophen und Krieg zwingen uns aber, unsere gewohnten Denk- und Lebensmuster zu überdenken. Um in dieser krisenhaften Zeit nicht den Mut zu verlieren, braucht es neue Wege im Denken und Handeln.

Die Tiefenökologie bietet dafür einen möglichen Ansatz, aus der bewusstlosen Fortschritts- und Optimierungsfalle auszubrechen und wissenschaftliche Evidenz mit seelischer Verbundenheit zu versöhnen. Sie wurde von dem norwegischen Philosophen Arne Naes (vgl. Naes Arne: Die Zukunft in unseren Händen. Eine tiefenökologische Philosophie) in den 70er-Jahren begründet und wird heute mit Ideen der Bewusstseinsforschung und der Achtsamkeitspsychologie angereichert. Sie schlägt eine Brücke zwischen Vernunft und Gefühl, zwischen Leben und Denken auf der Basis eines humanen und naturverbundenen Zugangs zu sich und der Welt.

Wenn es Aufgabe der Institution Schule sein soll, eine Gesellschaft durch Bildung und Ausbildung junger Menschen in eine verantwortliche Zukunft zu führen, die dann auf dieser Basis ihr Leben in der Gemeinschaft verantwortlich führen können, dann darf sich diese Aufgabe nicht auf Wissensvermittlung und auf das Selbstverständnis einer wettbewerbsorientierten, hoch selektiven und rein formalen Bildung beschränken. Eine unbestimmte Sehnsucht nach Sinn und Verbundenheit, nach tiefen und authentischen Erfahrungen sollte nicht der Reise-, Erlebnis-, und Medienindustrie überlassen werden.

Die Tiefenökologie bietet in einer zunehmend säkularisierten Gesellschaft einen neuen Zugang zu Tiefenschichten des Seins, der – weder ideologisch noch wissenschaftsfeindlich verengt – eine Brücke zwischen rationaler Weltbewältigung einerseits und emotional geprägter Weltverbundenheit andererseits schlagen kann. Es geht dabei also nicht um eine esoterisch verbrämte Weltflucht, sondern um die Emanzipation von einem einseitig instrumentell ausgelegten Vernunftbegriff, der Menschen und Welt zu Objekten degradiert und sie damit ihrer Würde beraubt. Die notwendigen Transformationsprozesse, die schon eingesetzt haben, aber bisher nicht ausreichen, brauchen einen neuen Begründungszusammenhang für eine »lebensdienende Vernunft«, der eben nicht Verdinglichung und Entfremdung als systemrelevant für unsere Lebensweise voraus- und fortsetzt, sondern als Systemfehler entlarvt.

Das Zeitalter der Aufklärung mit seinen Bildungsidealen »legte den Grundstein für die moderne Demokratie und für die Verheerungen, an denen diese zu zerbrechen droht.« (Vgl. Pelluchon, Corine (2021): Das Zeitalter des Lebendigen. Eine neue Philosophie der Aufklärung; vgl. auch Forschung und Lehre 5/22, S. 380) Dieses Dilemma sichtbar zu machen, ist der erste Schritt. Der zweite notwendige Schritt, insbesondere in Erziehung und Unterricht, ist, Schule zu einem Resonanzraum gelingender Beziehungen zu machen (vgl. Rosa, Hartmut (2016): Resonanz. Eine Soziologie der Weltbeziehung.)

So lösen wir die Verzweiflung über die Verdinglichung der Welt und die damit verbundenen »Verheerungen« aus einer individuellen Zuschreibungslogik, die uns oft einsam leiden lässt, und eröffnen neue Wege bei der Suche nach einem guten und freien Leben jenseits der Ausbeutung unserer selbst und unserer Mit- und Umwelt. Mit der Überwindung dieses »Systemfehlers« (Pelluchon, a. a. O.) der Entfremdung ist der Anspruch verbunden, das Projekt der Aufklärung zu retten und Lösungen anzubahnen, die individuelle und gesellschaftliche Transformation auf der Basis von Vernunft *und* Sinnlichkeit möglich machen.

Im Bildungsbereich können wir vorangehen, eine »Vorstellungswelt, die von der Herrschaft über die Natur und über andere Menschen sowie von Unterdrückung unserer Empfindsamkeit geprägt ist« (ebd. S. 26), zu überwinden und Beziehungsfähigkeit sowohl des einzelnen Subjekts zu sich selbst als auch zur Mit- und Umwelt in den Mittelpunkt der Bildungsbemühungen zu stellen. »Die unausgesprochene Mitte und Sehnsucht von vielen Novellen, Romanen und Erzählungen über Schule ist die Frage, ob Lehrer, Schüler und Stoff füreinander stumm und feindlich oder gleichgültig bleiben oder ob die Lehrer die Schüler zu erreichen vermögen, ob sie den Resonanzdraht in Schwingung versetzen können ...« (Rosa, a. a. O., S. 407)

Die Voraussetzungen für diese Verlebendigung von Schule zu schaffen, in der die Sehnsucht der Kinder und Jugendlichen nach Leben nicht in Entfremdungsprozessen erstickt wird, gelingt, wenn wir in allen Akteurinnen und Akteuren der Schule die Bereitschaft stärken, Schule zum lebendigen Resonanzraum umzugestalten. Mein Ansatz in dem vorliegenden Buch versteht sich als eine der Stimmen, die sich nach Rosa in der Spätmoderne des 21. Jahrhunderts mehren, Stimmen, »die in der strikten Trennung zwischen einer belebten, sprechenden, beseelten Menschenwelt der Kultur und einer stummen, als Rohmaterial vorliegenden, zu bezähmenden und zu beherrschenden Natur nicht einfach eine kognitive Voraussetzung für den Aufstieg der naturwissenschaftlich-technischen Weltbeherrschung sehen, sondern zugleich eine Reduktion der Vielfalt an möglichen Natur- und Weltbeziehungen, die als Ursache für die ökologische Krise der Gegenwart gelten kann.« (Rosa, a. a. O. 383)

Unter dem Motto *»mehr Poesie wagen«* sollte es uns um Ermöglichung einer poetischen Weltbeziehung in der Schule gehen im Sinne einer alternativen, ergänzenden Form der Welterfahrung, die aus dem Korsett der Entfremdung in der Logik der überbetonten instrumentellen Vernunft befreit. Mit der Gestaltung einer solchermaßen lebendigen, vielfältigen und lebensnahen Bildung in der Schule, die über den instrumentell-formalen Aspekt der Ausbildung hinaus ins Leben weist, ist die Hoffnung verbunden, eine lebensförderliche Entwicklung anzustoßen, die eine motivierende Energie freisetzt, die weit über die Schule hinausreicht.

3.2 Transzendierende Elemente der Schulbildung

Vernunft und Sinnlichkeit als Pole der Menschwerdung zu erkennen, ist eine Voraussetzung, um wissenschaftlicher und ästhetischer Bildung den gleichen Stellenwert einzuräumen. Dann kann der Mensch als lernendes und fühlendes Wesen in seiner Ganzheit zum Mittelpunkt der schulischen Bildung werden. Wenn in der Schule das zu vermittelnde Wissen mit Emotionen imprägniert wird, bleibt es nachhaltiger im Gedächtnis, als wenn es die Gefühlsdimension nicht anspricht.

»Die Resonanzbeziehung zur Natur etabliert sich *nicht* über kognitive Lernprozesse und rationale Einsichten, sondern sie resultiert aus praktisch-tätigen und emotional bedeutsamen Erfahrungen.« (Rosa, a. a. O., S. 461)

Die Forderung nach in diesem Sinne ganzheitlicher Bildung wirkte im Laufe der Bildungsgeschichte immer wieder als Stimulanz zur Verwirklichung eines erweiterten Bildungsbegriffs. Entwicklung, Bildung und Reifung gelingt auf der Basis von wertschätzender Empathie, ohne eine entsprechende Förderung können Menschen nicht gedeihen und gesund heranwachsen. Junge Menschen brauchen Bildungsorte, die sie motivieren, damit sie in die menschlichen Systeme von Vernunft und Sprache hineinwachsen können.

Der tiefenökologische Denkansatz kann als ein transzendierendes Element das Potential bieten, den nüchternen institutionellen Ausbildungscharakter der Schule um Bildungserfahrungen im Sinne von individuellem Persönlichkeitswachstum auf der Basis von pragmatischen, ästhetischen und spirituellen Naturerfahrungen zu ergänzen. Wir bereichern also die »diagonale Resonanzachse« der Allgemeinbildung und Ausbildung um die »vertikale Resonanzachse« einer Vertiefung der Beziehung zu Mitwelt und zu sich selbst. Hartmut Rosa hat mit dem Begriff Resonanz in seiner »Soziologie der Weltbeziehung« einen weiteren transzendierenden Weg eingeschlagen, der sich mit dem tiefenökologischen Paradigma sinnvoll verbinden lässt. Allerdings versteht sich die Tiefenökologie als politische Philosophie und beinhaltet daher explizit gesellschaftliche Handlungsoptionen und Handlungsaufforderungen. Die Bildung für nachhaltige Entwicklung, die in den Lehrplänen zunehmend an Bedeutung gewinnt, kann durch die Verbindung von wissenschaftlichen Lernprozessen mit ästhetischen und spirituellen Naturerfahrungen der Tiefenökologie und der Weltbeziehung der Resonanz größere Tragweite entwickeln, indem sie erlebbare und erfahrbare Resonanzräume – und damit Prozesse der Transformation – eröffnet. (Vgl. Rosa, a. a. O., S. 402 ff., Schule als Resonanzraum)

Die Tiefenökologie, die neue Philosophie der Aufklärung und die Resonanztheorie gehen bewusst über den positivistischen Wissenschaftsbegriff hinaus, benennen diesen als »flach« bzw. führen das Paradigma der »vertikalen Resonanzachse« ein und erweitern den wissenschaftlichen Horizont um die ästhetische und spirituelle Dimension. Damit gewinnen sie gegenüber der rein wissenschaftlich-instrumentellen Herangehensweise neue Horizonte für das individuelle und gesellschaftliche Leben. Im Gegenzug dazu stellt sich die sogenannte »Lehrplankonformität« – die Verbindlichkeit des vorgegebenen Lehrplans für alle staatlichen sowie staatlich anerkannten Schulen – allzu oft als Sackgasse in die seelische Verödung dar: Ein wissenschaftlich abgesicherter Lehrplan soll mit seiner Logik der Bewertung der geforderten standardisierten Leistungen mit Ziffernnoten zu begabungsgerechter und chancengleicher Ausbildung führen. Dabei konkurrieren in den weiterführenden Schulen viele Einzelfächer um das Interesse der SchülerInnen. Die Schulbildung, die sich an einem positivistisch verstandenem Wissenschaftsbegriff orientiert, zeichnet ein großer Leistungsdruck an Prüfungsformaten des zu bewältigenden Spezialwissens aus sowie eine große Ferne zu den Lebenswelten der SchülerInnen. Es fehlt die »vertikale Resonanzachse«, die Sehnsucht nach Leben findet allzu selten Erfüllung. Es herrscht allerdings hektische Betriebsamkeit – der Schulalltag zeichnet sich meist durch Überfrachtung aus, die aber hausgemacht ist und so nicht sein müsste. »Wenn Beschleunigung das Problem ist, dann ist Resonanz vielleicht die Lösung«, stellt Rosa seinem Buch voran. Womöglich gibt es aber nicht »*die* Lösung«, sondern wir brauchen vielmehr unterschiedliche Lösungsansätze, die in den Lebensvollzügen der Menschen sichtbar und wirksam werden, um ein »Zeitalter des Lebendigen« (vgl. Pelluchon) anzubahnen.

Genau dazu will ich ermutigen: In der konkreten Schulpraxis vor Ort Lösungsansätze auszuprobieren, die die Lähmung der gefühlten Ohnmacht und Systembefangenheit überwinden. Das »Zeitalter des Lebendigen« kann damit beginnen, dass wir Mensch und Natur nicht als Antipoden gegenüberstellen, sondern durch ein Verständnis des Planeten Erde als lebendes System ablösen im Bewusstsein, dass alles miteinander verbunden ist. Diese systemischen Zusammenhänge können zwar im Einzelnen wissenschaftlich erforscht und begriffen werden, aber es bleibt dennoch ein Bewusstsein der Demut gegenüber den gegenseitigen Bedingtheiten und der Großartigkeit aller Lebensformen auf unserem Planeten, ein Staunen gegenüber der Biodiversität – schlichter gesagt: gegenüber dem Leben. Dass wir als Menschen Teil der Natur sind und bleiben, wird in der Tiefenökologie betont und als Erfahrungsmöglichkeit vorgestellt, ohne dabei die Erkenntnis der *natürlichen Künstlichkeit* (vgl. Plessner, Helmuth (1928): Die Stufen des Organischen und der Mensch) des In-der-Welt-Seins des Menschen im Gewand einer idyllischen Fantasie der paradiesischen Einheit von Mensch und Natur zu untergraben.

Es gibt ein wachsendes Bewusstsein dafür, dass wir gerade im Begriff sind, die Vielfalt der lebensspendenden Biosphäre nachhaltig zu zerstören. Die Meldungen über das Artensterben alarmieren nicht mehr nur die Teile der Bevölkerung, die sich für Natur- und Umweltschutz engagieren, sondern sind im allgemeinen Bewusstsein angekommen; sie verursachen bei vielen Menschen Angst und verstärken das Gefühl von Ohnmacht, da man sich als Einzelner nicht den Mechanismen der Ausbeutung und Übernutzung des Planeten entgegenstellen kann. »*Angstfreiheit* erscheint« aber »als eine Grundbedingung für die Ausbildung von Resonanzbeziehungen.« (Rosa, a. a. O., S. 694) Die erschreckenden Meldungen in den Nachrichten zum Jahresende 2021 zu überfüllten Kinder- und Jugendpsychiatrien, in denen akute Notfälle nur noch auf Matratzen am Boden aufgenommen werden können (z. B. in der Heckscher Klinik München), machen darauf aufmerksam, dass wir mit der Phase der Adoleszenz pädagogisch angemessener umgehen müssen; aber die seelischen Nöte vieler junger Menschen alarmieren merkwürdigerweise nicht die politisch Verantwortlichen und erfahren wenig oder nahezu kein Echo in der Bildungspolitik.

Fragen der Digitalisierung und der Impfpflicht dominierten in den letzten Jahren die gesellschaftliche Diskussion – trotz der immer gravierenderen Folgen eines Ausblendens der Belange und Bedürfnisse junger Menschen. Gegenwärtig verlieren wir durch die einseitige Ausrichtung auf Arbeitsmarkt, Wettbewerb und Bruttosozialprodukt den Fokus dafür, was Kindern und Jugendlichen in der Entwicklungsphase weiterhilft und was Entwicklungen stört, hemmt oder gar zerstört; dies kann an der zunehmenden Zahl von seelischen Erkrankungen und einer wachsenden Zahl von suizidgefährdeten Kindern und Jugendlichen abgelesen werden.

Technokratische Lösungsansätze unserer gesellschaftlichen Krisensituation verfehlen durch ihre Einseitigkeit weiterführende Erkenntnisse aus der Analyse des Zusammenhangs der systemischen Verflechtungen von sozialen, wirtschaftlichen und ökologischen Problemlagen in der Krisenzeit.

Aktuell gibt es zwar durchaus Ansätze der Schulpolitik, im Rahmen der *Bildung für nachhaltige Entwicklung* neue Projekte an den Schulen zu verankern und nicht nur – wie bisher – als Feigenblattprojekte in den sonst eher tristen Schulalltag einzuflechten. So wird in z. B. Bayern die *Klimaschule Bayern* ins Leben gerufen. Ein Label, auf das man sich bewerben kann, wenn bestimmte vorgegebene Kriterien erfüllt sind; oder es wird ein Schulversuch *Wirkstatt Nachhaltigkeit* gestartet, man darf sich als Modellschule bewerben (vgl. Art. 81–83 BayEUG). Die Einrichtung dieser neuen Modellschulen soll dem Umstand Rechnung tragen, dass »die Transformation unserer Gesellschaft und Wirtschaft im Sinne der Ziele für nachhaltige Entwicklung, insbesondere zu mehr Umwelt- und Klimaschutz, eine gesamtgesellschaftliche Aufgabe« ist. (Vgl. Schulversuch *Wirkstatt Nachhaltigkeit,* www.wirkstatt-nachhaltigkeit.de) In den zu errichtenden Modellschulen soll »Wissen und Handeln in Einklang« gebracht werden und Kinder und Jugendliche sollen »Transformationskompetenzen« aufbauen, d. h.

1. »für ihr eigenes und das gesamtgesellschaftliche Wohlergehen Verantwortung übernehmen,
2. sich als Zukunftsgestalter begreifen sowie
3. Technologien und digitale Medien für Innovationen nutzen.« (Ebd.)

Das Ganze liest sich nüchtern wie eine Gebrauchsanweisung für die Herstellung von Transformation zur Nachhaltigkeit, ohne im Geringsten die Aspekte der spezifischen sozialen, psychischen oder emotionalen Bedürfnisse von Kindern und Jugendlichen – insbesondere während der Entwicklungsphase der Pubertät – zu berücksichtigen. Ein lebensfernes Unterfangen, das von der staatlichen Schulaufsicht initiiert und überwacht wird. Das vorhandene Potential an Kreativität zur gesellschaftlichen Transformation, das in Schulen geweckt werden könnte, wird durch die zu erwartende Bürokratie im Keim erstickt, die Autonomie der einzelnen Schulen durch die Projektinitiative »von oben« untergraben. (Vgl. organisatorische Rahmenbedingungen der »Wirkstatt Nachhaltigkeit«).

Die Erlebnisausrichtung der Tiefenökologie mit der Bereicherung von wissenschaftlichem Denken um ästhetische und spirituelle Dimensionen des Seins wirkt zunächst einerseits in seinen Zielen bescheiden, da die zielorientierte Herstellunskomponente, die »Gebrauchsanweisung«, fehlt und sich zuerst einmal der Blick zur Vernetzung unseres Seins auf diesem Planeten in allen Dimensionen öffnet. Andererseits bedeutet aber genau das Weglassen der »Gebrauchsanweisung«, dem unvoreingenommenen Erleben der lebendigen Verbundenheit unserer Existenz mit dem Ganzen der Natur Raum zu geben. Das könnte dann ein Freilassen in echte Lebensvollzüge jenseits technokratischer Herstellungsfantasien sein, sodass Schule zum Resonanzraum wird und das »Zeitalter des Lebendigen« wirklich spürbar wird. Ohne den wissenschaftlichen Anspruch im Geringsten zu untergraben oder infrage zu stellen, können wir in der Schule mehr Poesie wagen. Nicht umsonst kommt das Wort Poesie vom griechischen *poésis*, gestalten!

Ein tiefenökologischer und resonanzbildender, und damit auch poetisch inspirierter Ansatz kann den Blickwinkel weiten, indem er unsere Lebensbedingungen auf diesem Planeten in den Blick nimmt und rational, ästhetisch und spirituell neue Wege der Bewältigung eröffnet. Er enthält sich dystopischer Träume einer Himmelfahrt des Menschen auf den Mars, des ewigen Lebens dank genetischer Forschung oder des transhumanistischen Eskapismus in virtuelle Metawelten, sondern forscht nach Resonanzphänomenen, die die Welt und uns selbst zum Klingen bringen, damit wir stimmig leben können.

Der Trugschluss, wir lebten im Zeitalter des Anthropozän, in dem alle Umgebungen und Lebenswelten menschengemacht und vom Menschen gesteuert werden, begeistert zwar die TechnokratInnen, facht aber auch Ängste an, wenn in Zeiten der Pandemie und des erlebbaren Klimawandels überraschend deutlich wird, dass wir eben doch ein Teil der Natur sind und nicht alles steuerbar und beherrschbar ist. Wir müssen uns der Einsicht stellen, dass wir »verletzliche, gezeugte, sterbliche Wesen und zudem abhängig von anderen, von der Natur und den Elementen sind«. (Vgl. Pelluchon, a. a. O., S. 53) Darauf sind wir in unseren Bildungs-, Wissens- und Erlebniswelten nicht vorbereitet worden, für solche Situationen wurden keine Kompetenzen vermittelt und die bürokratisch angestrebten »Transformationskompetenzen« werden keine Lösung sein.

Ein belebtes Vertrauen in die Eigenlogik und Dynamik des Lebens, ein Bewusstsein für das Geschehenlassen der Wachstums- Verflechtungs- und Erneuerungsprozesse ist zwar mancherorts wieder zu spüren, aber viele derjenigen, die sich dem gesellschaftlichen Mainstream angeschlossen haben, fühlen sich durch unbeherrschbare Krisen allein gelassen und bedroht. Die Versprechungen der Lösbarkeit aller Probleme durch Industrialisierung, Technisierung und Digitalisierung rufen in Teilen der Bevölkerung eine Haltung der Wut gegenüber den Verantwortlichen hervor, wenn mittlerweile für jede und jeden zu spüren ist, dass diese Versprechen nicht zu halten sind.

Die Hochwasserkatastrophe im Sommer 2021 im Ahrtal führte den letzten Verharmlosern des Klimawandels vor Augen, dass die Folgen des Klimawandels im eigenen Land angekommen sind, die Corona-Pandemie forderte unsere Gesellschaft seit Anfang 2020 heraus und bedeutete vor allem für die Kinder und Jugendlichen eine nie da gewesene Belastung, da die wichtigsten Institutionen für ein gesundes und bildungsgesättigtes Aufwachsen – die Schulen, die Vereine, die Freizeiteinrichtungen – lange Zeit geschlossen wurden, ohne dass es letztlich möglich war, die Dynamik der Ausbreitung des Virus zu stoppen. Die langdauernde Schließung der gesamten Infrastruktur für junge Menschen ist ein trauriger Beweis, wie wenig der deutschen Politik und Gesellschaft die Belange der Kinder und Familien bedeuten! Seit Februar 2022 hat sich das Bedrohungsszenario nun noch verschärft durch den Angriffskrieg Russlands in Europa und die daraus resultierenden unabsehbaren Folgen. Eine häufige Reaktion auf diese Herausforderungen in Krisenzeiten sind Fluchten in esoterische oder ideologische »Blasen«, die mittlerweile eine ernst zu nehmende Gefahr für den gesellschaftlichen Zusammenhalt darstellen. Es reicht also nicht, einzelne Modellschulen zu gründen, die von der Kultusbürokratie gesteuert neue Wege nach vorgegebenem Plan ableisten. Wir brauchen vielmehr die Autonomie aller Schulen, damit sie den aktuellen Gefahren wach und ortsbezogen begegnen können und in der Lage sind, aus der Schulgemeinschaft vor Ort Sinn-Angebote für die Schülerinnen und ihre Familien zu vermitteln. Damit können Schulen zu einem Ort für die notwendige Rückbesinnung auf eine »lebensdienende Vernunft« (vgl. Pelluchon, a. a. O.) werden und Resonanzräume für gemeinsame generationenübergreifende Erlebnisse und Erfahrungen schaffen.

Jede Lehrkraft an der je eigenen Schule kann dafür sorgen, dass der Unterricht sich nicht in Wissensvermittlung zum Zeugniserwerb erschöpft, sondern dass ein lebendiger Unterricht die Gelegenheit bietet, mit den jungen Menschen gemeinsam und auf Augenhöhe Kompetenzen zum Standhalten in Krisenzeiten auszubilden. Häufig wird in diesem Zusammenhang auf den Begriff *Resilienz* verwiesen, der allerdings auch missbraucht wird, um die Anpassung an belastende Lebensbedingungen zu verschleiern, ohne die konkreten Veränderungsmöglichkeiten kritisch zu überprüfen. Um Belastungen unserer Zeit zu bewältigen, braucht es mehr als eine passive Haltung der Anpassung und Akzeptanz. Eine inspirierte und kritisch reflektierte und damit bewusste Rationalität im Sinne der lebensdienenden Vernunft würde sich anbieten, um jungen Menschen während ihres Heranwachsens mit allen dazugehörigen Reifungs- und Entwicklungsaufgaben gerecht werden zu können.

Wenn es uns gelänge, eine einseitig verdinglichende Ratio zu transzendieren, dann würden wir nicht mehr die naturwissenschaftlichen Disziplinen mit ihren Arbeitsweisen des Beobachtens, Katalogisierens und Sammelns von Daten überschätzen und als sogenannte MINT-Fächer favorisieren, sondern naturwissenschaftliche und ökologische Zusammenhänge würden über den wissenschaftlichen Zugang hinaus in ihrem *Erlebnischarakter* vermittelt. Eine solche lebendige Bildung würde sich auch des Politischen nicht enthalten, sondern Aufforderungscharakter zum verantwortlichen politischen Handeln in den Handlungsräumen der Schulumgebung und des Umfelds der Kinder und Jugendlichen vermitteln.

Handlungskompetenz wird an den weiterführenden Schulen in der Regel zu wenig vermittelt, auch wenn gerne von Handlungsorientierung im Rahmen der Didaktik gesprochen wird. Um zum verantwortlichen Handeln hinzuführen, muss aber – erstens – ein Verständnishorizont für über die Schule hinaus ins Leben weisende Handlungsoptionen, die SchülerInnen im Rahmen der Schule haben, gewonnen werden, und – zweiten – müssen die SchülerInnen aus der Passivität des Wissenserwerbs mit Bewertungsraster befreit werden. Zwar wird *Bildung für nachhaltige Entwicklung* von der Bildungspolitik durchaus als Aufgabe der Schule verstanden, aber sie verliert sich meist im Gestrüpp der institutionellen Entfremdungsprozesse und entfaltet deswegen eben keine nachhaltige Wirkung über die Schule hinaus. Erlebnisse der Selbstwirksamkeit lassen sich nicht als Lehrplanziele von oben verordnet und eingebettet in ein Leistungs- und Überprüfungskorsett herstellen. Die Getrenntheit vom Leben, von Lebensprozessen und Lebensvollzügen in der Schule – die Folgen der Entfremdung, Verdinglichung und seelischen Verarmung – wird zumeist nicht als zu überwindender Mangel unseres schulischen Bildungssystems anerkannt, sondern als genuin der Institution Schule zugrunde liegender Faktor verstanden. Somit wird die Suche nach authentischen und lebendigen Erfahrungen junger Menschen allzu oft von den Ausbeutungs- und Profitinteressen eines entfesselten Marktes aufgegriffen, der alle Werte jenseits dieses Marktes weitgehend ausgetrocknet und zu einer Kommerzialisierung des Lebendigen geführt hat. In der Schule stehen wir neutral bis hilflos diesen Prozessen gegenüber und beschränken uns auf Schadensbegrenzung, während von der Schulpolitik vollmundige Bildungsziele postuliert werden, die mit dem Schulalltag und der Lebenswirklichkeit vor Ort oft nur wenig zu tun haben.

Wir müssen uns aber darüber klar werden, dass wir in der Schule nicht das »Humankapital« von morgen heranbilden, sondern dass wir jungen Menschen begegnen, die sich den Unübersichtlichkeiten der kommenden Jahrzehnte in Gesellschaft und Wirtschaft stellen müssen, sobald sie die Schule verlassen. Durch die Krisen der Gegenwart werden wir auf die existentielle Ebene des Lebens zurückgeworfen und sind somit gezwungen, zur Bewältigung ganz neue Kompetenzen heranbilden, die auch in der Schulbildung eine wesentliche Rolle spielen sollten. Die Überarbeitung der Lehrpläne hin zur Kompetenzausbildung könnte ein erster Schritt in eine Erneuerung des Lehrplans darstellen, wenn nicht ganze Kompetenzbereiche im Alltag der Schule immer wieder grundlegend marginalisiert würden.

Statt »Transformationskompetenzen« zu fordern, sollte in der Schule die Sinnsuche und die Sehnsucht nach Beziehung der jungen Menschen aufgegriffen werden, in denen das Gewahrwerden, Denken, Hinterfragen, Spüren und Aufeinanderachten im Mittelpunkt stehen und im zweiten Schritt Handlungskompetenzen an echten, herausfordernden Lebenssituationen eingeübt werden. Lehrkräfte brauchen Zeit und professionelle Unterstützung, damit sie nicht in der Schule einer weiteren Zunahme an psychischen Erkrankungen der Kinder und Jugendlichen ratlos gegenüberstehen und womöglich selbst erkranken. Das muss auch Konsequenzen für die Lehrerausbildung haben. Lehrkräfte müssen befähigt werden, Bewältigungsstrategien und Lebenskompetenzen mit ihren SchülerInnen einzuüben. Supervision, Selbstreflexion der Rolle als Lehrkraft und ErzieherIn in Selbsterfahrungsgruppen sowie fallbezogene Teamgespräche müssen in Zukunft zum beruflichen Arbeitsfeld genauso dazugehören, wie Unterricht und Bewertung. Das bedeutet folgerichtig, dass Lehrkräfte Zeitfenster zur Verfügung gestellt bekommen und Professionalität entwickeln dürfen, um in der Schule Empathiefähigkeit und Verantwortungsübernahme mit den SchülerInnen einzuüben und fallbezogen zu bearbeiten, statt standardisierte Unterrichtsformate unter Zeitdruck durchzuziehen. Die je eigene Potentialentfaltung und Kreativität der SchülerInnen steht dann im Mittelpunkt – unter dem Motto: Werde, der du werden kannst und werden willst.

Diese andere Bildung auf neuen Wegen braucht gut ausgebildete, starke Persönlichkeiten als Lehrkräfte und Metafächer, wie einen Ethikunterricht durch besonders geschulte Lehrkräfte für alle SchülerInnen, statt eines Religionsunterrichts, der gerade bei der Frage nach Sinn, dem Verhältnis von Mensch und Natur, Transzendenz und Fragen der Moral die Klassen in überholte Identitätsgruppen aufspaltet. (Vgl. 3.3., Beispiel 4) Aber auch in allen anderen Fächern, vor allem in den naturwissenschaftlichen, sollte der Horizont erweitert werden zu einer Zusammenschau von rationaler Wissenschaft, einfühlender Betrachtung und verantwortlichem Handeln. So schaffen wir die Voraussetzungen, dass Schule zum Resonanzraum werden kann.

Dieser *Dreiklang aus Wissenschaft, Empathie und pragmatischem Handeln* ist die *Basis einer neuen Kompetenz*, die als Metakompetenz in der Schule Eingang in den Lehrplan finden sollte: Einübung in Erdsystemverantwortung. (Messner, Dirk, Präsident des Umweltbundesamtes in DIE ZEIT Nr. 53, 22.12.2021)

Für das Suchen, Finden und Leben neuer Normen und Leitbilder für eine lebenserhaltende – statt lebenszerstörende – Wirtschaftsweise bieten Schulen einen wundervollen Rahmen, sind sie doch Orte der Aufklärung und Bildung, des Miteinanderlebens und Wachsens und laden zum Experimentieren in Unterrichtsprojekten ein. So lassen sich Schulen von Sachwaltern toten Wissens zu *Treibhäusern der Zukunft* (vgl. Kahl, Reinhard), zu Resonanzräumen und lebendigen Ideenschmieden weiterentwickeln, sofern ihnen in einem angemessenen Rahmen Autonomie zugestanden wird. Dazu muss es dringend die Bereitschaft der Politik geben, die gesetzlichen Grundlagen in den Schulgesetzen der 16 Bundesländer zu überarbeiten, um die Schulaufsicht von der immer noch dominierenden obrigkeitsstaatlichen Gängelung der Schulen, hin zu beratender Unterstützung durch auf Expertise gestützte Evaluation multiprofessioneller Teams aus den Bereichen von Bildung, Medizin und Psychotherapie umzugestalten. Vor allem aber muss – angesichts eines heraufziehenden dramatischen Lehrkräftemangels – der Lehrberuf an Schulen attraktiv umgestaltet, für Quereinsteiger geöffnet und um Elemente der Selbstreflexion und Selbsterfahrung erweitert werden. Denn in regelmäßigen verpflichtenden Selbsterfahrungskursen schon zu Anfang des Studiums bestünde die Chance für die Lehramtsstudierenden, in eine selbstreflexive Haltung hineinzuwachsen und diese für sich selbst und ihre spätere berufliche Rolle fruchtbar zu machen.

Wir brauchen Möglichkeiten und Anlässe zur Weiterentwicklung sowohl auf der je eigenen persönlichen Ebene wie auch als Mitmensch und Mediator für die SchülerInnen und als professionell Handelnder im vielgestaltigen Beziehungsgeflecht des Schulalltags mit seinen unterschiedlichen Akteuren (Eltern, SchülerInnen, KollegInnen, Vorgesetzte, Schulaufsicht, Stadtteil, Gemeinde) als unverzichtbaren Bestandteil der Ausbildung der Lehrkräfte. Es gilt, motivierte junge Leute zu finden, die sich der verantwortlichen Aufgabe der Bildung und Ausbildung der nächsten SchülerInnengenerationen annehmen – nicht als austauschbare Lehrkörper, sondern als Menschen, die Resonanz und Beziehung anbieten; der Mangel an Lehrkräften droht sonst nicht nur zum Bildungsdesaster zu werden, sondern wird auch die zu beobachtenden Probleme in der psychosozialen Entwicklung vieler SchülerInnen verschärfen. Statt auf die Sicherheiten des damit verbundenen Beamtenstatus zu setzen, gilt es den Lehrberuf so zu gestalten, dass die Motivation in erster Linie aus den beruflichen Aufgaben, sowie aus den persönlichen Entwicklungschancen selbst gezogen werden können, die sich mit der Berufswahl eröffnen. Sich als Lehrkraft als unverzichtbarer Teil und verantwortlich Handelnder eines notwendigen gesellschaftlichen Transformationsprozesses zu erleben, der zur Überwindung von Werterelativismus und Nihilismus sowie zur Krisenbewältigung beiträgt, macht einen großen Unterschied zum herkömmlichen Bild der Lehrkraft: Die einseitig instrumentelle Ausrichtung des Lehrberufs auf abprüfbare Formate höhlt den Lehrberuf aus und vernachlässigt die Beziehungsdimension, die neben der fachlichen Ausbildung ebenfalls der vertieften professionellen Ausbildung bedarf.

Bildung verbindet uns mit den vergangenen, gegenwärtigen und zukünftigen Generationen. Eine (tiefen-)ökologisch und resonanztheoretisch fundierte lebendige Bildung, die auf lebensdienende Vernunft und damit Nachhaltigkeit in den Lebens- und Bildungsprozessen setzt, kann junge Menschen – Lehrkräfte und SchülerInnen – zu einem neuen Bildungsenthusiasmus motivieren und verhilft dem Emanzipationsprojekt einer in diesem Sinne erneuerten Aufklärung zu lebendiger Aktualität.

3.3 Praxisbeispiele

Inspiration durch eine lebensdienende Vernunft (vgl. Pelluchon), durch tiefenökologische Projekte und durch eine Weltbeziehung der Resonanz könnte also für eine Verbindung von Analyse und Synthese im Bildungsgeschehen und damit für einen neuen ganzheitlichen Ansatz in der Schule Pate stehen. Das etwas verstaubte »Lernen mit Kopf, Herz und Hand« (Pestalozzi) wird dabei aufgegriffen und auf eine Verbindung von kognitiven, emotionalen, ästhetischen, spirituellen sowie pragmatischen Lern- und Lebensformen neu ausgerichtet. (Vgl. Spessart-Evers, Stefanie (2021): Klimawandel-Bewusstseinswandel. Eine Einladung) Kompetenzziel wäre dann, sich immer wieder neu den existentiellen Herausforderungen des Lebens und Überlebens zu stellen und dabei *leben* und *lernen* an Lern- und Praxissituationen so weiterzuentwickeln, dass eine auf Erfahrungen basierende Intuition die Grundlage für das Vertrauen ins Leben und die eigenen Fähigkeiten bilden.

Die Erfahrung von Selbstwirksamkeit und das Erleben von sinnstiftender Gemeinschaft gelten als wichtigste Grundlage für psychisches Wohlbefinden von Kindern und Jugendlichen und an die Schulpraxis stellt diese Erkenntnis in erster Linie die Anforderung, Rahmenbedingungen für Projekte zu schaffen, bei denen Engagement, Mut, Kreativität, Einfühlung und Vitalität gelebt und geübt werden. Das bedeutet, dass Lehrerinnen und Lehrer sich selbst als Lernende auf neuen Wegen begreifen und Weiterbildungsmöglichkeiten erhalten, die die Verschränkung von Leben und Schule inspirieren, sodass das Leben in seiner Fülle und Tiefe erfahrbar wird – eben als lebendiger Resonanzraum. Statt das Gefühl einer vitalen Lebendigkeit in der Schule durch einseitige Leistungsorientierung und Wettbewerbsdruck zu untergraben, könnte Schule durch die Verschränkung von Erkenntnislust und lebensweltlichen Bezügen der Ort werden, der den erschreckend weit verbreiteten Depressionen im Kindes- und Jugendalter entgegenwirkt. In dieser Neuausrichtung von Schule auf lebendige Bezüge liegt gerade auch die Chance, die Attraktivität des Lehrerberufs angesichts des sich verschärfenden Mangels an Lehrkräften zu steigern und junge Menschen für den anspruchsvollen und verantwortlichen Beruf zu begeistern.

Einige Beispiele aus der Praxis »in den Falten der Institution« (vgl. Friedrich Jahresheft 2022), in denen sich in jeder Schule jeder Zeit Freiräume finden lassen, können zur Nachahmung inspirieren; statt auf einen Systemwechsel zu warten, können die Schulen Möglichkeiten nutzen, ihre je eigenen neuen Wegen zu suchen und zu finden – in Zusammenarbeit mit der Schüler- und Elternschaft vor Ort zu Gunsten erneuerter, lebendiger Bildung. Denn die Mühlen der Bildungspolitik mahlen voraussichtlich zu langsam, um die notwendigen Transformationen in angemessener Zeit zu bewältigen. Aber von gelungener Praxis, in der die Akteure Experimente wagen und Innovationen betreiben, geht eine Strahlkraft aus, die sich ringförmig ausbreiten kann und andere dazu motivieren kann, ebenfalls neue Wege zu gehen, was schließlich auch von unten das System verändert.

Erlebnispädagogik – das *Projekt Herausforderung*, die *Erlebnisfahrt*

Als erstes Praxisbeispiel für neue Wege ins Leben soll in der Schulpädagogik die Verankerung erlebnispädagogischer Formate in das Schulprofil genannt werden. Das Verlassen der Komfortzone, das Aufsuchen von Herausforderungen, die das Erleben von Selbstwirksamkeit und von persönlichem

Wachstum ermöglichen, das Sicheinlassen auf das Unerwartete und Unplanbare sind Eckpunkte der Erlebnispädagogik.

Klassenreisen gehören fast zu jeder Schule, oftmals sind sie bestimmten Klassenstufen vorbehalten und hängen vom Engagement einzelner Lehrkräfte ab. Ein Lehrkräfteteam oder die Schulleitung selbst, die sich in diesem Sinne der Einübung von Lebenskompetenzen in der Schule verschreiben möchte, kann erlebnispädagogisch fundierte Klassenreisen für alle Jahrgangsstufen in Form von Erlebnisfahrten einführen. Besondere Aufmerksamkeit hat in den letzten Jahren das sogenannte *Projekt Herausforderung* erhalten. Die Projektidee wurde ursprünglich an zwei Schulen in Hamburg und Berlin umgesetzt (der *Stadtteilschule Winterhude* und der *Evangelischen Schule Berlin Zentrum*). Inzwischen gibt es deutschlandweit viele Schulen, die basierend auf dieser Idee, eigene Projekte umsetzen. Ob man dieses Projekt in eine tiefenökologisch fundierte Praxis oder einfach als natur- und lebensnahes Praxisprojekt einordnet, bleibt bei der Umsetzung letztlich unerheblich.

Im *Projekt Herausforderung* ist es erklärtes Ziel, dass Jugendliche fürs Leben lernen und Kompetenzen zur Lebensbewältigung erwerben. Das Klassenzimmer wird für ein bis drei Wochen verlassen, die Schülerinnen und Schüler begeben sich eigenverantwortlich auf ein mehrtägiges oder mehrwöchiges Abenteuer, das sie selbstständig planen und durchführen. Lehrkräfte unterstützen sie bei der Planung und Durchführung, sollen sich aber zurückhalten und die Verantwortung den Jugendlichen überlassen, um die Gelegenheit zu bieten, Probleme, Fehler oder gar Erfahrungen des Scheiterns zu meistern. Die Selbstständigkeit der SchülerInnen wird schon bei der Planung gefördert, indem an vielen Schulen die Projektidee von den SchülerInnen selbst gefunden, oder – wie an anderen Schulen – mögliche Aktivitäten von den Lehrkräften zur Wahl gestellt werden. Das Projekt richtet sich in der Regel an Schülerinnen und Schüler der Klassenstufe acht bis zehn, folglich an eine Altersstufe, in der pubertäre Entwicklungsprobleme gehäuft auftreten und sich durch das Projekt eine Gelegenheit bietet, jugendgemäße Lebensformen als Abenteuer einer selbst gewählten Herausforderung zu verwirklichen. Heraus aus der Schule, rein ins Leben – die wählbaren Aktivitäten sind überwiegend sportlicher Natur, aber kulturelle und soziale Herausforderungen können ebenfalls Wahlmöglichkeiten darstellen. An einigen Schulen wird das Projekt für wenige Freiwillige angeboten, an anderen handelt es sich um einen verpflichtenden Bestandteil des Schulcurriculums, welches das Profil dieser Schule prägt.

Das Verlassen der Komfortzone umfasst neben der örtlichen Entfernung aus den Räumen der Schule und des familiären Umfelds auch das Umgehen mit einem eng begrenzten finanziellen Etat und die Planung von Unterkunft und Verpflegung auf der Basis des Verzichts auf den gewohnten Standard an Wohnkomfort. Das beinhaltet auch die Aufforderung, kostengünstige oder kostenlose Übernachtungsmöglichkeiten zu finden, indem man die EinwohnerInnen der Orte, durch die die Reise geht, um Hilfe und Rat bittet. Erlebnisse von Solidarität sowie von spontanen oder abenteuerlichen Entwicklungen gehören genauso dazu, wie sich den elementaren Lebensvollzügen in der Natur auszusetzen. Für Jugendliche in der Pubertät und ihren typischen Entwicklungsbedürfnissen bedeutet das Projekt eine Gelegenheit, innerhalb der Institution Schule, neue Wege beim Lernen und beim Erwerb von Kompetenzen zu gehen, die sich außerhalb der vorgegebenen staatlichen Curricula bewegen. Der Aufbau von Frustrationstoleranz und Flexibilität sowie wachsendes Vertrauen in die eigenen Fähigkeiten sind Kompetenzentwicklungserwartungen an das Projekt. Die Vor- und Nachbereitung der Herausforderung durch die Schülerinnen und Schüler wird dabei üblicherweise als Kurs frühzeitig in den regulären Stundenplan integriert. Für die Umsetzungsphase bietet sich die Phase des Schuljahresendes an, um dem nach Notenschluss häufig vorhandenen Leerlauf vorzubeugen, wenn die Lehrplanziele des Jahres erfüllt und alle Noten gemacht sind. Aber selbstverständlich können auch andere Zeitfenster zur Umsetzung dienen, je nach Einbettung in das Schulprofil und in den Jahresplan der einzelnen Schule.

Das Projekt kann also die übliche Klassenfahrt durch ein mehr selbstbestimmtes und eigenverantwortliches Format ersetzen. Hierdurch wird Schule zu einer Institution, die über die Notengebung in einzelnen Fächern und die Zeugnisverleihung hinaus ganzheitliche Lebenskompetenzen einübt. Im Sinne der oben angesprochenen übergeordneten Erdsystemverantwortung steht beim *Projekt Herausforderung* die Naturerfahrung im Vordergrund. Im Vergleich zu den Erlebnisformaten in der digitalen Welt, geht es hier um nicht vermittelte, sondern um unmittelbare Erlebnisse, das Tempo der zu verarbeitenden Eindrücke wird angepasst an das eigene Tempo, es gilt reale Schwierigkeiten zu meistern, wie ein Quartier für die Nacht zu suchen, seine Essens- und Wasservorräte einzuteilen, sich Hilfe zu suchen. Diese ganz andere Art des Reisens, die nicht auf ein Sammeln von Eindrücken oder auf Erholung und Entspannung zielt, ist inspiriert von der Jugendbewegung im ersten Drittel des 20. Jahrhunderts, aus der die Jugendherbergen hervorgegangen sind, die heutzutage für viele Schülerfahrten ein unverzichtbares Element der Reiseplanung sind. Wenn das *Projekt Herausforderung* zeitlich oder institutionell nicht umsetzbar erscheint, bietet eine für jede Klasse jährlich stattfindende Erlebnisfahrt in Kooperation mit einer Jugendherberge eine erlebnispädagogische Alternative, die – sofern sie gemeinsam mit den SchülerInnen geplant wird – in kleinerem Umfang ähnliche Erfahrungs- und Erlebniskontexte bietet.

Die Verankerung des Projekts – egal ob eine mehrwöchige Herausforderung oder eine einwöchige Erlebnisfahrt – sollte aber nicht von übertriebenen Kompetenzerwartungen überfrachtet werden. Es kann und soll nicht das Ziel sein, in erster Linie die für Schülerinnen und Schüler in der Pubertät typische größere Unlust beim schulischen Lernen zu überwinden. Es geht vielmehr darum, sich neuen und anderen Lernerfahrungen zu öffnen, mit den SchülerInnen bei der Planung des Projekts ein verändertes gegenseitiges Beziehungs*setting* zwischen Lehrkraft, SchülerInnen und Eltern und den Erwerb von Lebenskompetenzen im Schulkontext zu ermöglichen. Es kann dabei durchaus didaktisches Ziel sein, dass sich dadurch die individuelle Identifikation mit der eigenen Schule erhöht. Aber vor allem geht es um das Erlebnis neuer, eigener Handlungsoptionen der Kinder und Jugendlichen, das zu einer Stärkung der Persönlichkeit führen und eventuelle pubertäre Verunsicherungen bei den Schülerinnen und Schülern abmindern kann.

Bildungsforscher Matthias Rürup, Experte für das *Projekt Herausforderung*, rät zur Zurückhaltung bezüglich direkter Transfererwartungen, die sich auf curriculare Fachinhalte beziehen. In seinen Anmerkungen zum *Projekt Herausforderung* an deutschen Schulen verweist er darauf, dass – meist beim Einstieg in ein Thema – in der Regel individuell-erlebnishaltige Bezüge der SchülerInnen zwar im Fachunterricht gelegentlich aufgegriffen werden und dennoch die immer wieder schnell von der Alltagserfahrung wegführende, kognitiv-versachlichende, fachwissenschaftlich orientierte Aufbereitung und Systematisierung des Wissens im Vordergrund steht. Von daher finden sich Kompetenzgewinne bei diesem Projekt weniger in fachlicher Hinsicht, als in überfachlichen Bereichen der persönlichen Entwicklung, der sozialen Zusammenarbeit, der Konfliktfähigkeit und der Übernahme von Verantwortung.

Schülerinnen und Schüler sollten durch erlebnispädagogische Herausforderungen erleben und erlernen können, dass sie sich im Umgang mit anforderungsreichen und ungewissen Situationen bewähren und ein entsprechend positiv-realistisches Selbstbewusstsein aufbauen. Dies begünstigt dann – im Sinne des psychologischen Konzepts der Selbstwirksamkeitserwartungen –, dass sich die Jugendlichen auch in Schule, Beruf und Privatleben selbstbestimmter und selbsttätiger neuen Herausforderungen stellen. Etwas pathetisch könnte man dies als »Förderung von wesentlichen Zukunftsfähigkeiten für das Leben in der heutigen, modernen Gesellschaft« beschreiben: Eigenverantwortung, Risikobereitschaft, Unternehmertum. Unabhängig von einer erst noch zu leistenden empirischen Begleitforschung dieser Innovationsidee, lassen sich aus vorliegenden lern- und motivationspsychologischen, aber auch erlebnispädagogischen Wissensbeständen heraus schon konzeptuelle Eckpunkte formulieren, die als prinzipiell günstig bis notwendig für einen Projekterfolg einzuschätzen sind. (Vgl. www.ifb.uni-wuppertal.de/ herausforderungen)

Ergebnisse der Hirnforschung, die im Kontext des Projekts gerne ebenfalls herangezogen werden, weisen in dieselbe Richtung. Herausforderungen und erlebnispädagogische Projekte dürften eine gute, motivierende und anregende Erfahrung sein, wenn sich Schülerinnen und Schüler bei ihnen als selbstbestimmt, kompetent und sozial eingebunden erleben. Die Herausforderungen, denen sie sich stellen, sollten, um die Bedeutung eines nachhaltig wirksamen Erlebnisses zu erreichen, einerseits den alltäglichen Rahmen des Bekannten und Vorhersehbaren überschreiten (das heißt aus der Komfortzone heraus in die persönliche Wachstumszone führen), ohne die SchülerInnen zu überfordern.

Es geht letztlich um eine individuelle, angepasst-flexible Aufgabenschwierigkeit, die eine Entwicklung ermöglicht. Auch hierzu scheint die Eigenverantwortung der Schülerinnen und Schüler eine gute Voraussetzung zu sein, um eine fremdbestimmte Über- oder Unterforderung zu vermeiden. Zugleich bietet die Einbindung in eine Gruppe im Sinn von Ansporn und Korrektiv den sozial-kommunikativen Rahmen, der eine

Über- oder auch Unterforderung ausgleichen kann. Auf jeden Fall gehört es zur ganzheitlichen Lernerfahrung bei erlebnispädagogisch fundierten Projekten dazu, dass man an Herausforderungen – das heißt: echten Erfahrungen mit Ernstcharakter – auch scheitern kann. Erfolg und Misserfolg müssen sich die Schülerinnen und Schüler selbst zurechnen können. Dazu gehört auch eine positive Fehlerkultur, die dazu einlädt, überschaubare Wagnisse einzugehen und Unsicherheiten zuzulassen. Wenn die Schülerinnen und Schüler trotz Rückschlägen nicht aufgeben und den Irrtum aktiv als Lerngelegenheiten nutzen, ist das ein wertvoller Erfolg. Schließlich sollten die SchülerInnen Gelegenheit bekommen, ihre eigenen Herausforderungen, gewonnen beim Projekt oder bei Erlebnisfahrten, als bemerkenswerte Aktivität zu präsentieren und zu reflektieren. (Vgl. https://deutsches-schulportal.de/expertenstimmen/projekt-herausforderung-eine-innovative-idee-macht-schule) Diese alternative Form des Reisens erinnert an die Wandervogelbewegung und an Pfadfinderlager, wo durch intensive Naturerfahrung, Verlassen des üblichen Komforts und Eigenverantwortung der Gruppe für Quartier und Nahrungsbeschaffung das Bewusstsein vitaler und intensivierter Lebendigkeit gefördert wird. Dies gilt es, für die Schule fruchtbar zu machen, um allen Kindern und Jugendlichen, unabhängig von Herkunft und sozialem Status, als Alternative zu den dominierenden, medial vermittelten Erlebniswelten, die Möglichkeit zu bieten, an unmittelbaren, ganzheitlich herausfordernden Erfahrungen zu wachsen.

Kunst und Gestaltung als Hauptfach

Bei der Verankerung einer lebendigen Fundierung der Schule, sollen, wie oben beschrieben, neben den fachwissenschaftlichen Paradigmen ästhetische und spirituelle Dimensionen das Denken und Lernen vertiefen. Dabei geht es darum, ein Kraftzentrum kreativer Lebendigkeit zu finden, um der Zersplitterung des Wissens und der Desorientierung entgegenzuwirken. Im Fächerkanon der Schule brauchen wir also eine Neubewertung und eine Neuausrichtung der ästhetischen Fächer.

Kunst, Musik und Gestaltung sind wichtige Schulfächer. Hier wird einerseits grundlegende ästhetische Bildung vermittelt, andererseits ist der Eigenanteil und die durchgängige Handlungsorientierung der SchülerInnen beim Gestalten bei wenigen Fächern so hoch wie hier. Darüber hinaus wird dabei im besonderen Maß die Imaginationsfähigkeit, die Fantasie und die Kreativität der SchülerInnen angeregt und im besten Falle weiterentwickelt. Umso tragischer ist es, dass Kunst und Musik im Fächerkanon der Schulen zu oft ein Schattendasein führen, da sie keine »Vorrückungsfächer« sind, von daher nicht wirklich ernst genommen werden. Sie dienen den SchülerInnen oft mehr zum Ausruhen von den Anstrengungen der Schulstoffbewältigung, denn als Entwicklungsfeld für ihre individuelle Kreativität, sodass der Eindruck entstehen kann, dass diese allzu oft gar nicht gefragt zu sein scheint. Auch Lehrkräfte und Schulleitungen sowie Verantwortliche in den Kultusministerien plädieren gerne dafür, die ästhetischen Fächer wie Musik, Kunst und Theater nicht in den Kanon der Vorrückungsfächer einzuordnen bzw. in der Abiturphase als nicht einbringungsfähig einzustufen, um die prüfungsgeplagten SchülerInnen zu entlasten. Als weiteres Argument der Einordnung als nicht relevant für den Numerus Clausus dient die ansonsten notwendig werdende wissenschaftliche Aufwertung der ästhetischen Fächer, wenn sie denn vorrückungsrelevant und einbringungsfähig werden sollten. Die Aufwertung durch die dann notwendige Bezugnahme auf den kulturwissenschaftlichen Erkenntnisstand der ästhetischen Fächer gilt als hemmend für die kreative Entwicklung der SchülerInnen. So entsteht der Eindruck, dass Kreativität nur außerhalb der üblichen Lern- und Leistungsmuster eine Rolle spielen soll – eben zur Erholung. Bei dieser Argumentation wird deutlich, dass im Kontext der Schule ein fragwürdiger Leistungsbegriff – nämlich prüfungsorientiertes Lehren und Lernen, um Ziffernnoten zur Bewertung zu erhalten – lebendige Zugänge zu zentralen Bildungsthemen weitgehend verstellen kann. Und doch gibt es Schulen, auch ganz »normale« Schulen, in denen Kunst und Gestaltung Hauptfach sind: An manchen Realschulen kann der Kunstzweig mit Kunst oder Werken als Abschlussprüfungsfach gewählt werden, an einigen Fachoberschulen gibt es den Zweig Gestaltung, an einigen Gymnasien kann Kunst als abiturrelevantes Fach gewählt werden, es gibt die sogenannten *musischen Gymnasien* mit Musik als Hauptfach. Die Bedeutung der ästhetischen Dimensionen unseres Lebens wird hier in den Mittelpunkt der schulischen Ausbildung gerückt und die je eigene Weiterentwicklung und Ausformung der Kreativitätspotentiale werden zum Zentrum der Kompetenzausbildung. Da es sich hierbei aber um

Angebote handelt, die nicht flächendeckend zur Verfügung stehen, bleibt die ästhetische Bildung an der Schule insgesamt gesehen jedoch randständig.

Kunst als Haupt- und Prüfungsfach bietet nicht nur die Gelegenheit, die eigenen gestalterischen Fähigkeiten zu entwickeln, sondern auch die Möglichkeit, für die Tragödien der Ausbeutung unserer ökologischen Ressourcen und des Krieges sowie für die Verzweiflung über die Zerstörung unserer Lebensgrundlagen einen ästhetischen Ausdruck zu finden. Allein das schon bietet einen Bewältigungsansatz im Sinne der Überwindung von Ohnmacht und Hilflosigkeit gegenüber der Übermacht der gegenwärtigen Probleme. Die Grundlage der Kunsterziehung ist das »Sehen lernen«, also bewusstes Hinschauen, wach werden für Gestaltungsfragen, analysierendes Hinterfragen von automatischen Sehgewohnheiten als Ausgangspunkt für das je eigene Gestalten. Nachzulesen in den Lehrplänen für Schularten mit gestalterischen Fächern als Vorrückungsfächer, findet sich hier ein breites Spektrum von zu entwickelnden Kompetenzen, die an anderen Schulen ohne diese Profilierung keine oder – je nach Engagement der Lehrkräfte – nur eine untergeordnete Rolle spielen. Die Integration einer ernst genommenen ästhetischen Bildung in die Schulbildung bietet einen ganz eigenen Zugang zu den Tiefenschichten des Seins über die Entdeckung und Befreiung der individuellen kreativen Potentiale und der Freilegung der Zugänge zur eigenen Imaginationsfähigkeit.

Die Ausbildung der gestalterischen Ausdrucksfähigkeiten bedeutet für die SchülerInnen einerseits einen Zugewinn an konkreten gestalterischen Kompetenzen, im Fach Kunst vor allem in den Bereichen Zeichnen, Malen sowie im Umgang mit digitalen und analogen Medien; es geht um die Einordnung der eigenen gestalterischen Mittel in den geschichtlichen Kontext, den Vergleich und die Analyse von Werken der Vergangenheit und Gegenwart und nicht zuletzt um die Chance der Intensivierung des eigenen Innenlebens durch Gestaltung und Reflexion von Kunst und Ästhetik. Andererseits kann die Neubewertung der je eigenen Subjektivität im künstlerischen Schaffensprozess in den ästhetischen Fächern der Lebensferne und institutionellen Überformung des schulischen Alltags entgegenwirken.

Im ästhetischen Schaffensprozess gewinnt eine Gestimmtheit der Empfänglichkeit für die Gestaltungen der Welt eine tiefere Bedeutung, ein Schauen und Staunen über die Vielgestaltigkeit unserer natürlichen, technischen und ästhetischen Umgebungen, die über eine Phase der Aneignung in die eigenen Verstehens- und Handlungsmuster zu kreativen Gestaltungsergebnissen führt. Der Prozess der bewusst vertieften rezeptiven künstlerischen Erfahrungen hin zum selbst gestalteten künstlerischen Produkt ermöglicht in hohem Maße Erfahrungen von Selbstwirksamkeit, die sich im besten Falle in einem Transformationsprozess anregend und verlebendigend für die je eigene Lebenswirklichkeit auswirken können.

Es braucht also keine neuen Modellschulen, wo »Wissen und Handeln in Einklang« gebracht wird und »Transformationskompetenzen« (*Wirkstatt Nachhaltigkeit* ebd.) nach kultusministerieller Vorschrift aufgebaut werden sollen, sondern Kinder und Jugendliche sollten in jeder Schule die Gelegenheit erhalten, sich »als Zukunftsgestalter« begreifen zu dürfen. Orientiert am reichhaltigen ästhetischen Schaffen unterschiedlicher Zeiten und Kulturen können alle Kinder und Jugendlichen in der Schule dazu ermutigt werden, ihre individuelle Gestaltungsfähigkeit – analog und digital – zu entdecken und auszubilden. Dabei steht dann eben nicht eine verwertbare Innovationsfähigkeit als Ausbildungsziel im Vordergrund, die vor allem auf die Einpassung der SchülerInnen in den bestehenden Arbeitsmarkt zielt, sondern ein durch die Verbindung von Erkenntnis und Kunst geprägtes aktives Weltverhalten und -gestalten.

Der Schulgarten

Mit dem Anlegen eines Schulgartens kann es gelingen, pragmatische und ästhetische Naturerfahrungen mit wissenschaftlichen, ökologischen Zugängen in den Fächern Biologie und Chemie zu verbinden. Für alle Schulen gibt es grundsätzlich die Möglichkeit, einen Schulgarten einzurichten und beim Gartenbau Naturwissenschaft erlebbar zu machen; indem versiegelte Schulhofflächen entsiegelt werden, indem Hochbeete auf dem Schulhof aufgestellt werden, oder indem ein Grundstück in der Nähe der Schule gepachtet wird. Unterstützung kann man bei der *GemüseAckerdemie* mit Sitz in Berlin finden, die sich zum Ziel gesetzt hat, dass alle SchülerInnen in Deutschland im Laufe ihres Schullebens die Gelegenheit bekommen, eigene Erfahrungen mit der spannenden Welt der nachhaltigen Bewirtschaftung eines Gemüsegartens zu machen. (Vgl. https://www.gemueseackerdemie.de)

Das Projekt Schulgarten bringt vielfältige Inspirationen in den Schulalltag und fördert fächerübergreifendes Lernen: Es kann das Schulfach Biologie durch Experimente und Erfahrungen bereichern, das an weiterführenden Schulen meist vernachlässigte Schulfach *Ernährung und Gesundheit* kann Teil des Projekts werden, indem die selbst gezogene Ernte verarbeitet und zubereitet wird, eine Arbeitsgemeinschaft kann freiwillig besondere Verantwortung für den Aufbau und die Pflege des Schulgartens übernehmen. Einer der wichtigsten Erfahrungsaspekte beim Anlegen, Pflegen und Bewirtschaften eines Schulgartens sowie dem wissenschaftlichen Untersuchen von Bedingungen für eine ertragreiche Ernte ist ein anderer Umgang mit Zeit. Während in der Schule in der Regel eine engmaschige Taktung der Zeit vorherrscht, die Tage in 45 Minuteneinheiten aufgeteilt werden und dies von allen Akteuren verlangt, sich in dieses oft von Hektik und Stress geprägte Zeitkorsett einzuordnen, wird durch einen Schulgarten ein anderes, an lebendigen Prozessen orientiertes zyklisches Zeitgefühl möglich. Wir sind es gewöhnt, unsere Zeit möglichst effizient auszunutzen, Arbeit und Freizeit dem Diktat der linearen Zeitachse zu unterwerfen, was uns lebendigen Wachstums- und Reifungszeiten entfremdet. Das hohe Tempo unserer Lebensführung, das durch die Coronakrise und die daraus folgenden *Lockdowns* ausgebremst wurde, hat sich schnell wieder eingestellt. Es gilt in kurzer Zeit viel zu leisten, viel zu erleben, weite Strecken zurückzulegen – wir haben nie Zeit und fühlen uns dabei oft gehetzt und getrieben.

Der Garten lehrt uns, die zyklische Zeit zu erleben und zu schätzen. Alles hat hier seine Eigenzeit: Aussaat, pflegerische Maßnahmen, Ernte. Der Garten entzieht sich unserem von industriellen Produktionsprozessen geprägtem Effizienzdenken. Dieses prägt zwar in hohem Maße die konventionelle, industrielle Landwirtschaft, aber im Gartenbau, zumal wenn er außerhalb der Verwertungsprozesse gepflegt wird, eröffnet sich die Möglichkeit, aus der engen Taktung zeitweise auszusteigen und sich auf die lebendige Zeit des Wachsens und Vergehens einzulassen. Im Schulgarten werden also von der Zeitmessung losgelöste Flow-Erlebnisse ermöglicht. Es ist heilsam, zwischendurch die Zeit zu vergessen und ganz in seiner Tätigkeit aufzugehen, was gerade für Kinder mit einer ADHS-Diagnose immer wieder ein befreiendes Erlebnis darstellt. Aber auch für Lehrkräfte ist es spannend, SchülerInnen in lebensnahen Kontexten zu erleben, in denen sich typische schulische Schwierigkeiten oftmals auflösen und ein ganz anderes Bild der Persönlichkeit der SchülerInnen zeigt. Für die SchülerInnen sind es motivierende Selbstwirksamkeitserlebnisse, für die Lehrkräfte sind es eindrückliche Erfahrungen, die Rollenzuschreibungen und -festlegungen, wie z. B. *schwieriger Schüler, kann sich nicht konzentrieren, macht Ärger*, korrigieren können. Im Schulgarten gibt es vielfältige Möglichkeiten, Naturwissenschaften projektorientiert zu vermitteln und naturwissenschaftliche Methoden selbst auszuprobieren. Allein das Thema Boden mit den spannenden Fragestellungen der Bodenbeschaffenheit, der chemischen Zusammensetzung des Bodens, der Fauna in den Böden und den Möglichkeiten der Bodenverbesserung ist ein umfassendes Thema. Bodenproben, Versuchsfelder mit verschiedenen Zusammensetzungen von Böden und der Beobachtung der Wachstumsbedingungen der Pflanzen bieten sich genauso an, wie die Anlage und Pflege eines eigenen Kompostes, der uns – einfach erlebbar und exemplarisch – Wiederverwertungskreisläufe vor Augen führt.

Zusammenfassend kann man feststellen, dass ein Schulgarten SchülerInnen in eine echte, d. h. nicht nur didaktisch geplante, Handlungsorientierung bringt, können sie doch die Ergebnisse ihres Handelns selbst beobachten, vergleichen und erleben. Verschiedene Handlungsfelder eröffnen sich für unterschiedliche Interessenlagen, von der eigentlichen Gartenarbeit über wissenschaftlich fundierte Versuchsreihen bis hin zur Werkzeugpflege. Auch die Anlage eines Blumengartens für Bienen und die Ausweitung des Schulgartenprojekts auf das Imkern sind mögliche Optionen; das heißt, dass eine Schule, wenn sie erst mal das Projekt gestartet hat, zahlreiche Weiterentwicklungsmöglichkeiten verwirklichen kann: Zusammenarbeit mit einer *Urban-Gardening*-Initiative und die damit verbundene lebendige Einbettung in den Stadtteil würde die Arbeit erleichtern, wenn es nicht genügend Lehrkräfte gibt, die willens und fähig sind, den Schulgarten zu betreuen. Auch die Einbeziehung der Eltern bei schulischen Projekttagen ist sinnvoll und möglich und trägt die Erlebnisse und Erkenntnisse aus dem Schulgarten in die Elternhäuser.

Es gibt also keinen Grund, sich nicht auf den Weg zu machen und mit dem Schulgarten zu starten! *Learning by doing* sollte die Devise sein. Erfahrungen des Misslingens und des Erfolgs ohne Ziffernnotenbewertung, binden die Schule mit einem Schulgarten zurück an lebendige Erfahrungsräume und transzendieren damit den Erfolgszwang in der Schule. Ein Regenjahr voller Schnecken und daraus folgendem Ernteausfall wird uns nachforschen lassen, wie wir ohne Chemie der Schneckenplage Herr werden. Der Kartoffelkäfer auf unseren Kartoffelpflanzen wird uns lehren, dass stetiger Einsatz – das Absammeln der Käfer mehrmals täglich in den Pausen – belohnt wird. Aber auch Umstände, die wir nicht immer beeinflussen können, lehren uns etwas: Dass wir wieder mehr Vertrauen in natürliche Kreisläufe entwickeln sollten, dass wir Teil der Natur sind und die Natur uns die Nahrung spendet, wenn wir sie pflegen und hegen, dass die Kultur des Garten- und Ackerbaus auf unsere Vorfahren auf dieser Erde zurückverweist und wir uns wieder als eingebettet in eine unsere Lebenszeit übersteigende zyklische Zeit erleben können, wenn wir auf gesunde und uns zuträgliche Weise Nahrung gewinnen, kurz – dass das Beste für die Natur zugleich das Beste für uns selbst ist.

Aus Fehlern kann man lernen – das wird vor allem im Schulgarten erfahrbar. Die Freude, ein Projekt in kleinen Schritten auf den Weg zu bringen und je nach Möglichkeiten der Schule individuell weiterzuentwickeln ist jederzeit für jede Schule möglich. Und wenn man auf Benotung nicht verzichten will, bieten sich Schulgartenportfolios, Darstellung von Versuchsergebnissen und vieles mehr an – je nach Vorlieben der Lehrkräfte und ihrer SchülerInnen.

Ethik als Metafach

Der klassische Religionsunterricht ist als Schulfach durch das Grundgesetz Art. 7, Absatz 3 abgesichert und führt dazu, dass SchülerInnen in dem Unterricht, der auf existentielle und den Alltag transzendierende Lebensfragen eingeht, in Gruppen aufgeteilt werden, je nach Religionszugehörigkeit oder laizistischer Ausrichtung.

Gerade in dem Schulfach, das Raum bietet, der Sinnfrage nachzugehen, Kompetenzerwerb im sozialen Miteinander in den Mittelpunkt zu rücken und ein Orientierungswissen aufzubauen, werden die SchülerInnen von Vertretern der Kirchen oder von in Glaubensgemeinschaften ausgebildeten Lehrkräften unterrichtet und dafür eigens nach jeweiliger Gruppenzugehörigkeit aufgeteilt. Als wäre es heutzutage immer noch nicht möglich, eine gemeinsame Wertebasis jenseits der Religionszugehörigkeiten zu finden, die es erlaubt, die SchülerInnen einer Klasse in den zentralen Fragen nach dem Sinn des Lebens, nach Leben und Tod und Bewältigung der Lebensherausforderungen gemeinsam zu unterrichten.

Nach welchen Kriterien werden in der Schule die Fragen nach den Voraussetzungen eines guten, eines gelingenden Lebens gestellt? In der Lage der »ethischen Privatisierung« in der Spätmoderne, in der die Selbstbestimmung mit der Konkurrenzlogik verknüpft ist, kann es genuin keinen ethischen Imperativ mehr geben, der Sinn als etwas religiös oder ethisch Allgemeinverbindliches vermittelt. (Vgl. Rosa, Hartmut, a. a. O., S. 38 ff.) Eine sinnstiftende lebensnahe Bildung braucht aber erneuerte Zugänge zur Transzendenz, wie eben einen Ethikunterricht für alle SchülerInnen, in dem Toleranz und ein respektvolles Miteinander von Religionen und Weltanschauungen ohne Ausgrenzungen einen gemeinsamen Raum finden. Genauso wichtig ist in einer freiheitlich-demokratischen Ordnung aber auch kritische Distanz zu Glaubensinhalten und das Einüben des reflektierten Hinterfragens von Zielen und Praktiken der Religionsgemeinschaften und den dahinterstehenden Organisationen.

Das Metafach Ethik für alle SchülerInnen könnte durch einen geisteswissenschaftlich fundierten und tiefenökologisch motivierten Ansatz einen Weg zu einer säkularen Werteorientierung bieten. Hier wäre dann auch der Platz, an dem Verbundenheit mit allem Leben nachgespürt wird, an dem durch therapeutische Übungen der Achtsamkeit und Empathie der Kompetenzaufbau im sozialen Bereich geleistet werden kann. Ethik als Metafach böte Raum, die überindividuelle *Erdsystemverantwortung* als Grundlage und Basis der individuellen Verantwortungsübernahme zu lernen. Der Aufbau von Vertrauen in Lebensprozesse, die Integration der spirituellen Dimension in schulisches Lernen durch die Methoden therapeutischer Übungen und der Meditation wären im Metafach Ethik genauso Lehrplanziele wie der Aufbau philosophischer und sozialer Kompetenzen durch die Methoden geschulter Gesprächsführung, kritischen Hinterfragens und Kennenlernens, Studierens und Diskutierens philosophischer Texte und Denkschulen.

Die Entwicklung der sogenannten »Tranformationskompetenzen« für die anstehende gesellschaftliche sozial-ökologische Transformation würde hier genuin ihren Platz finden, sofern sich der Lehrplan für dieses Fach an den Lebenswelten der SchülerInnen orientiert und Freiräume für Unterrichtsprojekte lässt, die Lehrkräfte und SchülerInnen gemeinsam aus Interesse auswählen dürfen. Der herkömmliche Religions- und Ethikunterricht ist in der Regel ein Vorrückungsfach und damit eingeordnet in den Kanon der Fächer mit den üblichen schulischen Leistungsnormen und Bewertungsrastern. Das kann man positiv sehen, da es die Bedeutung des Fachs stärkt, oder negativ, da es weniger Freiräume jenseits von schulischen Bewertungen gibt. Wie bei den ästhetischen Fächern sehe ich die Notwendigkeit, die Bedeutung des Fachs mit positiven Effekten für die SchülerInnen zu stärken und wenn das nur über den Kanon der Vorrückungsfächer möglich ist, sollten wir das Metafach Ethik als solches im Lehrplan verankert lassen.

Das Erlebnis von Ruhe, Intensität und Tiefe zu vermitteln, ist ein Teil der Vermittlung von »Erlösungs- und Heilswissen«, welches das »Bildungswissen und Herrschaftswissen« (Scheler, Max (1928): Die Stellung des Menschen im Kosmos) auch in der Schule ergänzen sollte. Wobei hier der Kompetenzbegriff tatsächlich angebrachter ist, denn es handelt sich eben nicht um Wissenserwerb durch Verstehen und Lernen, sondern um ein vertieftes Erfahren von Sinnzusammenhängen, für das sich der Ethikunterricht öffnet. Die Fähigkeit des Innehaltens, das Einüben von Gelassenheit, das Gefühl von Weltgeborgenheit trotz aller Krisenhaftigkeit unserer Zeit sind unverzichtbare Kompetenzen, die in der Schule vermittelt werden können. Dafür muss sich die Schule zu einem sozialen Raum wandeln, der sich vom vorherrschenden Wettbewerbsprinzip emanzipiert und auf das Schüren von Konkurrenz- und Statusdenken über Ziffernnotenrankings verzichtet. Das bedeutet nicht, auf Notengebung zu verzichten, sondern Notengebung als notwendiges und hilfreiches Rückmeldesystem im schulischen Kontext zu sehen, das in diesem Kontext aber auch seine Beschränkung erfährt. Das unselige Ablichten der Besten des Jahrgangs in den Lokalzeitungen und die besondere Ehrung, die die Jahrgangsbesten bei Abschlussfeiern erfahren, führt gerade zu einer Überbetonung der Bedeutung der Notengebung und zum stressbelasteten Wettbewerb unter den SchülerInnen.

Unsere Schule schickt jeweils ein Foto der SchülerInnen des Abschlussjahrgangs an die Lokalzeitung, die sich gerne dort sehen wollen mit dem Untertitel »eine Auswahl unserer Besten«; denn alle, die ihren Schulabschluss geschafft haben, sind erfolgreich und haben ihr persönliches Ziel erreicht. Und auch eine Erfahrung des Scheiterns wird angenommen: An unserer Schule werden die SchülerInnen auch dann eingeladen, an der Abschlussfeier teilzunehmen, wenn sie nicht bestanden haben. Sie dürfen sich zugehörig fühlen, auch wenn sie ihr Ziel erst im zweiten Anlauf schaffen. Erfahrungen des Scheiterns gehören zum Menschsein, die Bewältigung einer solchen Erfahrung vermittelt eine wichtige Lebenskompetenz, vor allem wenn die Erfahrung des Scheiterns nicht als individuelles Versagen angeprangert wird, sondern durch die soziale Einbindung in der Schule aufgefangen wird. Die im deutschen Schulsystem übliche Deutung von Bildungsgerechtigkeit als Leistungsgerechtigkeit führt zu einer leistungsbezogenen schulischen Selektion, obwohl die Schule Kinder und Jugendliche zu ihrer individuellen Leistungsfähigkeit ja im besonderen Maße motivieren soll. Das ist eine Paradoxie, die wir durchschauen müssen, wenn wir Benotung als Feedbackinstrument hilfreich und fördernd für die SchülerInnen anwenden wollen. Denn SchülerInnen sollten aufgrund ihrer biografischen und entwicklungsbedingten individuellen Unterschiede und als Heranwachsende nicht als Hauptverantwortliche für ihre bildungsbezogenen Handlungen und Leistungen angesehen werden. Die bildungsfördernde Wirkung von Schule wird erheblich gesteigert, wenn die Fokussierung auf die sowieso nicht objektiv erreichbare Vergleichbarkeit in Prüfungsformaten und auf die ständige Zensierung relativiert wird zu Gunsten einer Anerkennung von je individuellen Bildungsanstrengungen und Bildungsleistungen.

Eine Atmosphäre des Willkommenseins, der Wertschätzung und des Ansporns zur Weiterentwicklung der individuellen Anlagen, statt der weit verbreiteten Praxis der Begabungszuschreibungen, die im Kontext Schule getroffen werden – besonders einschneidend in den letzten beiden Jahren der Grundschulzeit – hilft, eine lebensfördernde Schule möglich zu machen. (Vgl. Stojanov, Krassimir: Warum »Leistung« kein tragendes Prinzip von Bildungsgerechtigkeit sein kann. In Friedrich Jahresheft 2022) Der Verzicht auf die Betonung des Statusdenkens bei der Ziffernnotenverteilung in der Schule muss von den Lehrkräften vorgelebt werden. Was wir brauchen, ist eine andere Wertschätzung von Bildungsleistungen, die auch emotionale, soziale und außerschulische Bildung miteinbezieht.

Die Öffnung gegenüber Erfahrungen, die das eigene persönliche Selbst übersteigen und uns herausfordern, also Transzendenzerfahrungen, sind wichtige Schritte aus einer narzisstischen Fixierung auf ein vordergründiges Statusdenken, das die Persönlichkeitsentwicklung gefährdet. Im Schulfach Ethik für alle können wir soziale Räume schaffen, in denen wir Werte jenseits des Religiösen gemeinsam pflegen. Statt der Anpassung an ein Leben für Arbeit und Konsum, gilt es Werte zu finden, die unser alltägliches Leben einerseits transzendieren, andererseits unseren täglichen Lebensvollzug stärken. Denn in den Kontexten der Erziehung und des Unterrichts gilt es in unserer säkular geprägten Zeit, eine Wertebasis als Schutzraum gegenüber einem lebensfeindlichen Nihilismus zu schaffen. Individualisierung heißt eben nicht Isolierung und Werterelativismus, sondern bedeutet auch Einmaligkeit und Verbundenheit. (Bohnsack, a. a. O., S. 22) Unter Wahrung der Autonomie der SchülerInnen und ihrer unterschiedlichen ethischen Prägungen können wir mithilfe der Lebenserfahrungen und Interessen der SchülerInnen im Ethikunterricht eine gemeinsame Wertebasis entwickeln, die davon Abstand nimmt, in einem wie auch immer gearteten institutionellen Rahmen zu erstarren und dabei lebendige Bedürfnisse zu unterdrücken oder lebensferne Deutungen als Schulwissen abzufragen.

Es gibt eine existentielle Bedürftigkeit der SchülerInnen, auf die im Schulkontext zu wenig eingegangen wird. Zwar ist es wertvoll und hilfreich in der Schule *Social-Media*-Sprechstunden anzubieten, um sich angesichts der Relativierung aller Werte im Internet zurechtzufinden. (Vgl. Silke Müller: Wir verlieren unsere Kinder, a. a. O.), aber das reicht nicht aus und ist lediglich eine Reaktion auf ausufernde Missstände. Das Entwickeln einer Vision des eigenen, je besonderen Lebens in Verbundenheit mit der Mitwelt ist eine Aufgabe, die im Ethikunterricht aufgegriffen werden kann, damit Kinder und Jugendliche in der Schule Unterstützung erfahren, sich in ihrem eigenen Leben zu verwurzeln. Dafür braucht es Lehrkräfte, die sich auf Begegnungen mit ihren SchülerInnen im Sinne einer gegenseitigen existentiellen Betroffenheit einlassen können.

Lehrplan- und zensurorientierte Lehrkräfte sind austauschbare Unterrichtsmanager. (Vgl. Bohnsack, a. a. O., S. 143) Wir brauchen aber Persönlichkeiten, die ihren Unterricht beziehungs- und erlebnisorientiert gestalten können, die ihrer eigenen Resonanzfähigkeit nachspüren und bereit sind, Resonanzerfahrungen in der Schule möglich zu machen. Schule ist nicht nur Selbstbildung im Sinne des Bildungsideals der deutschen Klassik oder

Weltbildung im Sinne von Stoffaneignung, Ausbildung sowie Kompetenzaufbau, sondern eben auch in erster Linie Weltbeziehungsbildung. (Vgl. Rosa, a. a. O., S. 408) Darauf muss im Studium und im Arbeitsleben der Lehrkräfte durch Selbsterfahrung, Supervision sowie mit einer Reduzierung der Arbeitsbelastung eingegangen werden, damit jede Schule zum »Resonanzraum« werden kann und sich nicht als »Entfremdungszone« der Sehnsucht nach Leben entgegenstellt. (Vgl. ebd. S. 409) Das Metafach Ethik übernimmt dann die Aufgabe, mit den SchülerInnen gemeinsam Sinnhorizonte zu suchen und zu finden, die Schule zum Resonanzraum werden lassen. Diese Sinnhorizonte sind wandelbar und vertragen als »Lehrplan« nur einen Rahmen, aber kein Korsett, damit Lehrkräfte und SchülerInnen an ihrer Schule, in ihrer jeweiligen Klasse sich auf den Weg machen können, je eigene Sinnhorizonte zu erschließen und für sich fruchtbar zu machen.

Das Verbindende der Sinn- und Wertehorizonte jenseits des Individuellen könnte in einem solcher Art gestalteten Ethikunterricht der Ausgang aus dem selbstverschuldeten Narzissmus eines aus den Fugen geratenen Ökonomismus sein und die gemeinsame erlebnisgesättigte Wiederentdeckung des Sinns von Verbundenheit, Lebensvertrauen und Lebenszuversicht darstellen.

3.4 Der Ganztag an der Schule oder das »afrikanische Dorf«

Es lohnt sich, das Potential des Ganztags in der Schule als Bildungschance für alle Kinder und Jugendliche neu zu entdecken und pädagogisch fundiert zu nutzen. Eine offene Ganztagsschule, die hochwertige Bildungsangebote aus den Bereichen Sport, Kreativität und Ökologie auch mit außerschulischen Experten macht, ist einer Ganztagsverpflichtung für alle vorzuziehen, um einer institutionellen Verschulung des Lebens im negativen Sinn vorzubeugen und stattdessen eine wirkliche Verlebendigung von Schule zu erreichen. Demgegenüber stellt der verpflichtende Ganztag ein problematisches Korsett für alle diejenigen SchülerInnen dar, denen reichhaltige Bildungserfahrungen sowieso offenstehen.

Die Motivation für SchülerInnen, den ganzen Tag in der Schule zu verbringen, steigt bei Weitem, wenn es Wahlmöglichkeiten gibt; die jungen Menschen sollten aus einem anregenden und vielfältigem Stundenplan am

Nachmittag für die eigene Interessens- und Bedürfnislage auswählen können und den Nachmittag als von der Notengebung befreiten Zeitraum erleben dürfen. Aufgrund der Möglichkeit der Selbstbestimmung wird Schule dann weniger als Ort der Entfremdung von Lebensprozessen wahrgenommen, sondern es öffnet sich eine Tür zum Leben außerhalb der Schule. Dies gilt besonders, wenn mit externen Partnern in der Ganztagsschule zusammen gearbeitet wird. Hier gäbe es viel zu tun! Solange die Bildungs-, Sozial- und Familienministerien aber in der »außerschulischen« Bildung weiterhin überwiegend auf ehrenamtliches Engagement in den Vereinen und die Elternhäuser setzen, verschärft sich der Bildungsunterschied zwischen SchülerInnen aus bildungsbürgerlichen Elternhäusern und bildungsfernen Elternhäusern weiter, was leider in der Coronakrise besonders deutlich wurde.

Warum nicht den Reitstall am Ort für eine Reit-AG gewinnen, eine Kooperation mit einer Musikschule am Nachmittag in den Räumen der Schule eingehen, die Tanz- und Ballettschule in den Ganztag integrieren?

Aus dieser Vielfalt müssten Angebote verbindlich und für die Familien kostenlos in der offenen Ganztagsschule gewählt werden, sodass Teilhabe für alle Kinder und Jugendliche am kulturellen und sportlichen Leben gewährleistet wird. Davon sind wir weit entfernt. Kompetenzaufbau in ästhetischen und auch in vielen sportlichen Bereichen hängt vom Geldbeutel der Eltern ab. Immer wieder mal gab und gibt es Initiativen, die zeigen, dass es auch anders geht; sie werden aber meist schnell als zu teuer wieder eingestellt. So lernte die Autorin dieses Buches nur deswegen Cello, da es ein Projekt des Kultusministeriums gab, den Streichinstrumentalunterricht und die Ausleihe eines Instruments kostenlos anzubieten, wenn man sich verpflichtete im Schulorchester mitzuspielen. Eine bereichernde Erfahrung, die lebensprägend war. Immerhin gibt es Bemühungen, über Streicher- oder Bläserklassen musikalische Kompetenzen zu vermitteln, die allerdings begabte junge Leute nicht im erforderlichen Maße fördern.

In ehemals sowjetischen Ländern wurden alle diese Bereiche der Kunst und des Sports kostenlos auf einer hohen Qualitätsstufe angeboten. Leider nicht aus pädagogischen oder bildungspolitischen Gründen, sondern um im Wettbewerb mit westlichen Nationen Überlegenheit in diesen Bereichen zu erlangen. Das Paradigma des Wettbewerbs ist aber problematisch und führt aus der Begeisterung für die Sache selbst, z. B. für die Musik, allzu leicht in ein narzisstisch gefärbtes Konkurrenz- und Profilierungsverhalten, das die Personen nicht stärkt, sondern abhängig macht von äußeren Erfolgszuschreibungen.

Warum eigentlich nicht die Ganztagsschule zu einer motivierenden Lebensschule umbauen, in der allen Kindern und Jugendlichen erweiterte Bildungserfahrungen kostenlos offenstehen? Da die Umsetzung einer solchen Idee bisher aus finanziellen Gründen scheiterte, können schulische Fördervereine durch das Gewinnen von Sponsoren einspringen. Hier böte sich der Raum für engagierte Eltern, sich für einen lebendigen Bildungsbegriff einzusetzen.

Auch die Lehrkräfte sollten am Nachmittag in der Schule sein, damit sie die SchülerInnen in bewertungsfreien Kontexten erleben können: bei der Förderung im Zuge der Erledigung der Hausaufgaben, bei der Bildung von Arbeitsgemeinschaften, die dem besonderen Profil der Lehrkraft entsprechen, wie z. B. eine Trendsport-AG, eine Tanz-AG, eine Theater-AG, eine Schach-AG, eine Koch-AG, eine Bienen-AG … oder einfach beim gemeinsamen Mittagessen und in den Pausen. Damit bestünde die Chance über den eigentlichen Pflichtunterricht hinaus, eine tragfähige Beziehung zu den SchülerInnen aufzubauen und sie ganzheitlicher zu erleben, als nur in der speziellen Unterrichtssituation der Klassengemeinschaft. Der austauschbare Unterrichtsmanager wird so zum Mensch unter Menschen, es kann sich Begegnung ereignen, Erziehung und Verantwortung wird gelebt. Nicht umsonst gibt es das afrikanische Sprichwort, um Kinder zu erziehen, bräuchte es ein ganzes Dorf. Wer erzieht heute unsere Kinder? Es gibt keinen Ersatz für eine Dorfgemeinschaft, die gemeinsam erzieht, denn die Eltern sind meist beide ganztags berufstätig. Andere Familienmitglieder als die Eltern sind oft nicht am selben Ort ansässig und die Lehrkräfte ziehen sich gerne auf die Vermittlung des Lehrstoffs zurück. Die Kinder wenden sich in ihrer freien Zeit weitgehend orientierungslos intensiv den gerade modischen sozialen Medien zu und gewinnen hier ihre Vorbilder und ihre allgemeine soziale Orientierung. Aber die mediale Omnipräsenz ist gefährlich (vgl. Silke Müller, a. a. O.), denn den Anbietern geht es nicht um das Wohl der Kinder, sondern in der Regel allein um Profit. Das Suchtpotential ist in den Angeboten angelegt, die Dauerpräsenz und der Wunsch der Kinder nach Hochleistungsgeräten verspricht

Gewinnmaximierung. Die narzisstische Selbstbespiegelung in Formaten wie *Instagram*, *TikTok* oder *Snapchat* und der Zustand, über *WhatsApp* in einem ständigen Reiz-Reaktionsschema gefangen zu sein, vertreibt zwar die Langeweile, ist aber nicht nur für die Psyche der jungen Menschen schädlich, sondern führt oft zu Streit, ja sogar Hass unter den Kindern und Jugendlichen. Daran änderte sich wenig, wenn sie sich z. B. an die Altersbeschränkung für *WhatsApp* auf 16 Jahre halten würden. Die allermeisten Eltern haben diesen komplexen Problemen gegenüber längst aufgegeben, entweder weil sie selbst intensiv die sozialen Medien nutzen oder weil sie den sozialen Ausschluss ihres Kindes fürchten. In einer Schule, die den authentischen Lebensvollzügen einen angemessenen Raum geben will, werden Endgeräte zwar grundsätzlich in Unterrichtsprojekten als Medium genutzt, aber es wird ebenso in Form der Autorität durch Beziehung (vgl. Omer, a. a. O.) klargestellt werden müssen, dass Endgeräte darüber hinaus im Schulalltag ausgeschlossen sind.

Der Wahlspruch der FDP »Digitalisierung first, Bedenken second« sollte im Bildungsbereich umgedreht werden: »(Be)denken first, Digitalisierung second«, wobei es nicht um Bedenkenträgerei geht, sondern um das Kindeswohl. Ein kritisches Hinterfragen des jeweiligen Bildungsnutzens und der Zuträglichkeit von digitalen Formaten für die psychische Gesundheit von Kindern und Jugendlichen hat in jedem Fall vor einer marktförmigen angeblichen Modernität Vorrang. Eine lebendige Schule mit angegliederter offener Ganztagsschule wird Angebote aus vielen Bereichen machen und weder digitale, noch analoge bevorzugen oder ausschließen. Wenn SchülerInnen erleben dürfen, dass ohne die Dauerpräsenz in den sozialen Medien das Leben trotzdem reichhaltig und spannend ist, wenn sich die sozialen Räume vor Ort wieder mit Sinn und Leben füllen, verlieren rein digitale Angebote von alleine an Bedeutung und der Suchtcharakter kann gebannt werden.

Es ist erhellend zu erleben, wenn auf unseren schulischen Erlebnisfahrten, bei denen die Endgeräte nur jeweils eine Stunden am Abend ausgegeben werden, diese plötzlich nach zwei Tagen gar nicht mehr gefragt sind und sich angestaute Konflikte durch Gespräch und Mediation von den Betroffenen eigenständig lösen lassen. Eine allgemeine Entspannung und eine gelöste Atmosphäre, die sich infolgedessen einstellt, lässt uns alle erleben, dass wir wieder mehr darauf setzen müssen, miteinander unsere sozialen

Lebensvollzüge zu gestalten, statt uns über vorgefertigte digitale Formate in einer unbefriedigenden Dauerkommunikation zu verlieren.

Die qualitativ hochwertige offene Ganztagsschule hat dabei eine wesentliche Bedeutung, lässt sie doch einerseits Freiheiten bei der Gestaltung des Tageslaufs und der Wahl der Bildungsangebote; andererseits bietet sie einen wichtigen Resonanzraum und damit einen Rahmen für Beziehung mit MitschülerInnen und Erwachsenen, den Kinder und Jugendliche für ein gesundes, geborgenes Aufwachsen brauchen. Ohne die Institution Schule absolut zu setzen oder die Notwendigkeit von Freiräumen jenseits der Schule infrage zu stellen, kann eine solchermaßen lebendige Schule das Dorf ersetzen und der Sehnsucht nach Leben junger Menschen gerecht werden.

Kapitel 4

Schule oder Leben – wofür lernen wir?

4.1 Individuation, Gemeinschaft und Kommunikation

SchülerInnen sind Kinder und Jugendliche inmitten einer Lebenssituation des Übergangs aus der Abhängigkeit der Fürsorge der Erwachsenen hin zur Verantwortungsübernahme für ihr eigenes Leben. Als Basis für diese Entwicklungsaufgabe, deren Gelingen oder Misslingen das weitere Leben tiefgreifend prägt, dienen den jungen Menschen die Kompetenzen und Ressourcen, die sie im Laufe des Heranwachsens in vielfältigen Settings erwerben. Die Herausbildung einer je eigenen Identität geschieht zuerst aus den Prägungen als Teil einer Familie. Aber ebenso wie diese spielen bald mehr und mehr die Erfahrungen im Gemeinschaftserleben der Gleichaltrigen in KiTa, Schule und in der Freizeit eine Rolle, z. B. in Vereinen beim sportlichen, kulturellen, ökologischen oder sozialen Engagement. Und nicht zuletzt entwickelt sich die Identität von Jahr zu Jahr in zunehmendem Maße in den unterschiedlichsten digitalen Formaten des Spielens und des sozialen Austausches im Internet.

Der fragile Prozess der Individuation erfordert besondere Achtsamkeit durch ein sozial unterstützendes Umfeld und braucht gleichzeitig Formate der angemessenen Herausforderung, die das Erleben der eigenen psychischen wie physischen Kompetenzen fördert, damit sich keine dysfunktionalen Gewohnheiten bis hin zu Suchtverhalten bei der Suche der jungen Menschen nach Bestätigung und Anerkennung herausbilden.

Wir können davon ausgehen, dass die Sehnsucht nach Eigenständigkeit und zunehmender Verantwortungsübernahme bei allen Kindern vorhanden ist; eine wachsende Selbständigkeit geschieht in der Regel aus eigener Initiative. Aber es gibt auch gravierende Störungen dieses Prozesses von innen, d. h. aus der eigenen Psyche oder von außen, durch externe Belastungen, wie z. B. Trennung der Eltern, familiäre Belastungen oder das Erleben von angstbesetzten Situationen in der Schule, z. B. Mobbing, Ausgrenzung, Angst vor Versagen, zu großer Leistungsdruck, Sinnverlust des schulischen Arbeitens und durch Suchtverhalten, das die Selbststeuerung, die eigentlich Entwicklungsziel des Heranwachsens ist, außer Kraft setzt. Eine fördernde, wohlwollende und Orientierung gebende Unterstützung durch das Umfeld war immer schon ein wichtiger Baustein, um die Krisen und Verunsicherungen der Identitätsausbildung im Prozess der Adoleszenz zu bewältigen, und ist aktuell wichtiger denn je. Was kann und muss die Institution Schule in einer Zeit, in der tiefgreifende Verunsicherungen über geeignete und mögliche Zukunftsmodelle allgemein verbreitet sind, zum Gelingen der Individuation der ihr anvertrauten Kinder und Jugendlichen leisten? Statt abstrakte und lebensferne Zukunftsvisionen zu formulieren oder ganz allgemein gehaltene Forderungen an Schule und Bildung zu stellen, plädiere ich dafür, sich auf soziales Lernen und Modelllernen als wesentliche Erziehungselemente zurückzubesinnen. (Bandura, Albert (1976): Lernen am Modell). Wir sollten in allen Schularten diesen Lernformen in Zukunft genügend Raum geben.

Diese impliziten, durch Vorbild und Nachahmung geprägten Lernformen spielen zwar in Kindergarten und Grundschule noch eine Rolle, werden aber in weiterführenden Schulen wie Realschule und Gymnasium aufgrund der vorgeprägten Rolle der Lehrkräfte als Wissensvermittler und der engen Taktung des Schulalltags oft der Vermittlung von Unterrichtsstoff nach Vorgaben eines prall gefüllten Lehrplans weitestgehend geopfert. Eine verbreitete Vernachlässigung erzieherischer Verantwortung sowie lebensweltlicher Bezüge in der Schule mit negativen Auswirkungen vor allem auf Orientierung, Motivation und Identitätsausbildung der SchülerInnen ist die Folge.

Wer kennt sie nicht, die SchulabgängerInnen, die keine Idee haben, was sie mit ihrer neu gewonnenen Freiheit, mit ihrem Leben anfangen sollen. Lustlos wird auf Ratschläge von Eltern oder Lehrkräften gehört, Status und/oder Geld versprechende Ausbildungen oder Studienrichtungen gewählt, die alsbald wieder abgebrochen werden, da es keine innere Berufung gibt, keine Begeisterung für die Herausforderungen des Lebens, die ja auch erst mal in einem freiwilligen Engagement in einer der zahlreichen vorhandenen Organisationen bestehen könnte: Angebote über

Bundesfreiwilligendienst bis Rettungssanitätsdienst oder freiwilliges soziales, kulturelles oder ökologisches Engagement gibt es genug.

Viele dieser jungen SchulabgängerInnen sind schon von einem Umfeld »verbraucht« worden, das als Modell über die Jahre der Schulausbildung nur arbeiten und konsumieren, Anpassung an Leistung und Wettbewerb, *learning to the test* und damit Entfremdung vom eigenen Leben anbietet. Wenn wir uns einig sind, dass alle Schulformen ihren Beitrag leisten müssen, damit Kinder und Jugendliche zu starken und souveränen Erwachsenen – zu selbstbewussten, eigenständigen und individuellen, gebildeten Persönlichkeiten – heranreifen dürfen, dann können sich Lehrkräfte nicht auf ihre Rolle als Wissensvermittler zurückziehen, darf sich Schule nicht als Lehr-Lernfabrik gestalten. Vielmehr gilt es, ein Leben in Gemeinschaft und sozialer und ökologischer Verantwortung an den Schulen in den Mittelpunkt der Bildungsziele zu stellen. Schulen, die sich auf den Weg machen, der Sehnsucht nach Leben der SchülerInnen mehr Raum im *Setting* der Schule zu geben, sollten Unterstützung erhalten, nachhaltige Lern- und Bildungsformate zu entwickeln, und dazu Freiräume erhalten, die soziales Lernen in einem täglich gelebten, sinnstiftenden Miteinander zur Regel machen.

Wir neigen aber bisher dazu, Kinder in der Schule dazu zu erziehen, das Leben im Augenblick, die Sinnerfüllung in der Gegenwart und täglich erlebbare Glücks- und Selbstwirksamkeitsgefühle einer ungewissen Zukunft zu opfern. Gute Schulleistungen werden dabei als wichtigstes Ziel der Schule vermittelt, damit diese »Währung« in der fernen Zukunft gegen einen materiell abgesicherten Lebensstandard eingetauscht werden kann. So lernen die SchülerInnen, ihr Engagement in der Schule und im Leben auf Aspekte der Verwertbarkeit auszurichten. Gleichzeitig sehen sich die jungen Heranwachsenden einer Kolonialisierung ihrer Vorstellungswelten durch kalifornische und chinesische Tech-Giganten gegenüber. Als Entlastung für ein fremdbestimmtes Leben in der Schule wird gezockt und gepostet. Als *InfluencerIn* oder *FollowerIn* erfindet man sich eine brüchige Identität in diesen Kolonien, in denen doch nur eines zählt: Der veräußerlichte Erfolg auf der Basis des Verlustes der Authentizität des eigenen Lebens. Der/die Stärkere oder veräußerlicht Attraktivere gewinnt, Gemeinschaft und Solidarität wird nur vorgetäuscht zur Gewinnmaximierung, das Lernen am Modell wird hier dysfunktional, da die Modelle toxisch sind; das soziale Miteinander kann nicht gelingen, da Gemeinschaftserlebnisse vergiftet sind vom Diktat der Ökonomisierung.

Ich bin ich, aber wer ist ich? Diese Frage ist so wesentlich wie zentral; sie ist immer schon von Heranwachsenden gestellt worden. Wie findet heutzutage Identitätsbildung statt, wie entstehen tragfähige Selbstkonzepte, um in den Krisen der Gegenwart Handlungsspielräume zu gewinnen? Wichtige Fragen, deren Antworten immer neu gefunden werden müssen und die zentraler Gegenstand jeder Lehrerausbildung sein sollten. Die Akzeptanz der Kontingenz allen Handelns und Denkens im Kontext der Schule wäre hierbei der Ausgangspunkt, um neue Wege und lebendige Prozesse anzubahnen. Die Vorgaben, Richtlinien und Gesetze, die durch Kultusministerien und Lehrpläne vorgegeben sind, geben einen festen Rahmen, der allerdings mit Leben gefüllt werden muss. Die Schulgesetze stellen eben nur diesen Rahmen dar, der Inhalt, das Bild innerhalb des Rahmens ist aber das Wesentliche. Eine mögliche Reaktion auf die prinzipielle Offenheit allen menschlichen Handelns und Denkens, auf die Wandelbarkeit der Kultur, wäre die Ablehnung der wahrgenommenen Unübersichtlichkeit: Das Leben wird dann als Reaktion auf das Kontingenzerleben einer unlebendigen Statik in Form von vordergründigen Verfestigungen sozialer Ordnungen unterworfen. Diese Statik bedeutet Stagnation und ist leider bisher oftmals sowohl im Rahmen der Schulgesetze und Verordnungen als auch in ihrer ganz konkreten Ausübung zu beobachten; man begegnet der grundsätzlichen Fragilität menschlicher Existenz mit starrer Ordnung und Kontrolle. In Lehrerkonferenzen staatlicher Schulen wird selten lebendig und inspiriert über pädagogische Fragen diskutiert, es stehen Leistungsbewertung, Ordnungsmaßnahmen, Notengebung, Einordnung in die Norm im Vordergrund, gerne auch Fragen der Vergütung von Mehrarbeit und damit der Besoldung. Allerdings sollten Lehrkräfte in ihrer Ausbildung auf eine Welt im Wandel vorbereitet werden, schließlich werden sie im besten Falle bis zu ihrer Pensionierung die jeweils junge Generation unterrichten, erziehen und bilden. Eine Jobmentalität der Anstrengungsvermeidung und Besoldungsfixierung wird den Lehrerberuf nicht zu einer sinnerfüllten Berufstätigkeit wandeln können.

Auch in gängigen reformpädagogischen Schulmodellen, wo Lehrkräfte oftmals aus innerer Berufung und mit weniger Gehalt arbeiten, als ihre KollegInnen an staatlichen Schulen, wie Montessorischulen oder Waldorfschulen, wird gerne die Kontingenz des Lebens der Statik der Verfestigung untergeordnet. Die Menschenkunde Rudolf Steiners, auf die sich der anthroposophische Lehrplan stützt oder die Beobachtungen, die Maria Montessori in ihrer pädagogischen Arbeit mit benachteiligten Kindern machte, bilden hier die unhinterfragte Basis. Beide reformpädagogischen Schulmodelle bieten aber insofern größere Freiräume, da sie sich zumeist der Notengebung und eines normativen Leistungsbegriffs enthalten und kreativen und musischen Lehr-Lernprozessen mehr Raum geben, was vielen SchülerInnen eine angstfreie und lebendige Schulzeit ermöglichen kann.

Eine weitere Form der Kontingenzverneinung ist die Stilisierung der Schule als Ort des Heils, als wäre es möglich, alles richtig zu machen und damit alles Komplexe, Widersprüchliche und Andersartige in einer widerspruchsfreien Utopie aufzulösen. Viele Ratgeber zum Thema Schule leben von dem Wunsch nach einer Erneuerung, die Heil und Eindeutigkeit bringen soll. Wenn eine überwiegend statisch-starre Ordnung in der Schullandschaft einer Verlebendigung der Bildungsprozesse weichen soll, damit sich Leben prozesshaft entfalten kann, müssen wir uns fragen: Kann man Offenheit lernen? Können Lehrkräfte in ihrem Studium befähigt werden, mit Kontingenz umzugehen, sie fruchtbar zu machen? Ich meine, ja, das ist möglich, vor allem dann, wenn die Grundlagen einer gelingenden Kommunikation vom ersten Semester an bis einschließlich der Ausbildungsphase des Referendariats sowie in Weiterbildungsmaßnahmen in der Lehrerausbildung gelehrt werden. Das sollte sowohl die Auseinandersetzung mit gängigen Kommunikationstheorien und ihrer Kritik miteinschließen, vgl. z. B. Habermas (Habermas, Jürgen (1981): Theorie des kommunikativen Handelns), oder die Rolle der Kommunikation in der Systemtheorie von Niklas Luhmann (Luhmann, Niklas (2010): Soziale Systeme. Grundriss einer allgemeinen Theorie) und sehr praxisnah die Kommunikationsanleitung in den drei Bänden des Kommunikationspsychologen Schulz von Thun (Schulz von Thun, Friedemann: Miteinander reden 1, 2, 3. Allgemeine Psychologie der Kommunikation. Rowohlt, Reinbek 1981, 1989, 1989); aber vor allem sollte Kommunikation in der Anwendung anhand von reflektierten Praxiserfahrungen im Lehramtsstudium und im Referendariat gelehrt und umgesetzt werden: Denn Kommunikation ist ein geeignetes, weil kreatives, prinzipiell offenes, also nicht statisches Mittel, mit Kontingenz umzugehen und eine soziale Ordnung zu stiften. Ein nicht hierarchisch geprägter Kommunikationsstil ist dabei eine wichtige Voraussetzung dafür, dass Kommunikation kreativ, also schöpferisch, wirkt und die daraus entstehende soziale Ordnung für alle Beteiligten als lebendig und identitätsstiftend erlebt werden kann. Sprechakte, die Kontrolle, Normativität oder gar Machtausübung durch Zwang herstellen wollen, sind nicht geeignet, lebendige und schöpferische soziale Welten zu erschaffen, in denen junge Menschen sich individuell entfalten können.

Geheuchelte Offenheit und Demokratieaffinität gekoppelt mit fehlender Mitbestimmung und Zwang ist die gefährlichste Form der Kommunikation in der Schule; in der Psychologie wird diese Form »paratoxisch« genannt, da sie sowohl paradox als auch toxisch ist. Ist man als Arbeitnehmer einem paratoxischen Kommunikationsstil ausgesetzt, wird von PsychologInnen geraten, man solle sich einer solchen, potentiell krankmachenden Situation nicht aussetzen und den Arbeitsplatz wechseln. Gibt es deswegen zunehmend mehr SchülerInnen, die sich in die psychische Krankheit flüchten und an Schulabsentismus leiden? Möglicherweise trifft das zu, denn schließlich ist eine Art innere Kündigung die einzige Möglichkeit, sich der Schule zu entziehen, da es ja keine andere Form der Kündigung gibt, denn es herrscht Schulpflicht. Alle Lehrkräfte, Eltern und Familien und an Pädagogik Interessierte sollten sich mit den jeweiligen Paragraphen zur Schulpflicht in den Schulgesetzen der Länder auseinandersetzen, um den Zwangscharakter, den Schule eben auch innehat, zu verstehen.

Ein Beispiel kann das verdeutlichen: Eine Familie berichtete uns beim Beratungsgespräch, dass der 10-jährige Sohn in der 5. Klasse am Gymnasium vor Weihnachten zunehmend psychosomatische Symptome entwickelte und es nicht mehr schaffte, in die Schule zu gehen. Bauchweh und Angst wurden täglich schlimmer, bis er nicht mehr das Schulgebäude betreten konnte, ohne psychisch zusammenzubrechen. Die hinzugezogene Schulpsychologin verwies im Krisengespräch mit dem Jungen und den Eltern auf die Schulpflicht und das bayerische Erziehungs- und Unterrichtsgesetz: »Wenn du es nicht alleine schaffst, in die Schule zu kommen, holt dich die Polizei ab oder du musst in die Psychiatrie.« Die Anstalt der Schule und die Anstalt der Psychiatrie wurden hier gegenüber einem Kind als Zwangsinstrumente einer gewaltausübenden Gesellschaft inszeniert. Das darf nicht sein, ein solches Vorgehen gefährdet das Kindeswohl!

Auch hier tut souveränes Kontingenzmanagement not: Man sollte sich als Lehrkraft oder Schulpsychologin bewusst sein, dass Macht und Recht in seiner aktuellen Verfasstheit immer auch anders gestaltet sein könnte (vgl. Bildungspflicht oder Schulpflicht in anderen europäischen Ländern). In diesem Falle war der Verweis auf die Schulpflicht und die damit verbundenen möglichen Zwangsmaßnahmen völlig unangebracht. Der gleiche Junge stand auch bei uns am ersten Tag vor Angst weinend im Sekretariat. Aber mit einigen aufmunternden Worten und dem Angebot, dass die Mutter am Unterricht teilnehmen darf, schaffte er den Hospitationstag und erlebte auch an den folgenden Tagen, dass seine Angst überwindbar und unbegründet ist. Denn unsere Schule ist ein einladender Ort; die Eingliederung in unsere Schule geschah in enger Absprache mit der behandelnden Psychotherapeutin, der Junge überwand seine Schulangst und nahm nach drei Monaten der schrittweisen Erhöhung der Stundenanzahl wieder vollständig am Unterricht teil.

Dieses kleine Beispiel zeigt, dass es also entscheidend auf die Art und Weise der Kommunikation ankommt, wollen wir die Schulen als einladende und lebendige Orte gestalten. Und dazu braucht es keine neuen Verordnungen und Gesetze, sondern eine veränderte Haltung der Akteure in der Schule und das Einüben der Verständigung durch achtsame Sprechakte. Welche Arten der Kommunikation könnten das Leben in der Schule prägen? Zum Beispiel Kommunikation im Rahmen der Demokratieausbildung (Jugend debattiert), Kommunikation im Rahmen der Konflikttransformation und Verständigung (im Ethik- und Religionsunterricht), offene Kommunikation über Fragen und Anliegen der SchülerInnen in Klassenleiterstunden etc. Jede Schule kann dazu eigene kreative und individuelle Kommunikationsforen des Austausches und der Mitbestimmung gestalten. Auch die Kommunikation über die Voraussetzungen und Möglichkeiten eines sinnvoll empfundenen Lebens im Rahmen der Selbstreflexion in Hinblick auf den zukünftigen Beruf der Lehrkraft kann durch Selbsterfahrungskurse gewinnbringend in die Lehrkräfteausbildung integriert werden. Sich seiner Lebens- und Bildungswege als zukünftige Lehrkraft im kommunikativen Austausch mit KommilitonInnen bewusst zu werden, weitet den Horizont und regt dazu an, sich selbst und seinen zukünftigen SchülerInnen empathisch und offen zu begegnen. Es ist an der Zeit, ein Curriculum der Kommunikationsausbildung für angehende Lehrkräfte im fachübergreifenden Rahmen an den Universitäten zu entwickeln. Damit werden Lehrkräfte nach und nach befähigt, ihre eigenen Erlebnisse, Erfahrungen und Erkenntnisse auf Kommunikationsanlässe im Rahmen ihrer Arbeit in die Schule zu übertragen. Die Schule wird so zum sozialen Raum, wo sich lebendige Prozesse vollziehen können – der Sehnsucht nach Leben wird ein offener Raum zur Entfaltung gegeben. Auch Lehramtsstudierende sind junge Menschen auf der Suche nach einer tragfähigen Identität, die sie befähigen soll, ihren SchülerInnen im kommunikativen Miteinander Bildung und Orientierung zu vermitteln. Im sozialen und kulturellen Beruf der Lehrkraft, in dem man viele Stunden täglich mit Menschen unterschiedlichen Alters und unterschiedlicher Herkunft arbeiten muss, in der es gilt, das Hineinwachsen in die Kultur genauso zu fördern wie Eigenständigkeit im Denken und Handeln zu vermitteln, ist es außerdem bedeutsam, die oft beschworene Resilienz zu stärken, um den spezifischen Belastungen des Lehrberufs standzuhalten. Dazu gehört es, Kommunikation im Rahmen einer beziehungsorientierten Pädagogik ins Zentrum der Ausbildung zur Lehrkraft zu stellen und alle Lehrkräfte zu Kommunikationsexperten weiterzubilden. Schließlich ist Kommunikation ihr tägliches Geschäft.

Dem immer dramatischer werdenden Lehrkräftemangel kann nicht mit der Inaussichtstellung individueller Lebensabsicherung durch den lebenslänglichen Beamtenstatus allein begegnet werden, um den Lehrerberuf attraktiv zu gestalten. Wenn es nicht gelingt, die Karriere der Lehrkraft als Fachkraft für Pädagogik und Bildung zu einem Traumberuf für sozial begabte junge Leute umzugestalten, belasten wir die Zukunftsfähigkeit unserer Gesellschaft!

Wie wäre es, wenn wir Schulen zu wirklich lebenswerten Orten umgestalten, zu »Treibhäusern der Zukunft« (Reinhard Kahl) in der eine kreative Wildnis wachsen darf, die in gemeinschaftlicher Verantwortung von SchülerInnen, ihren Familien und Lehrkräften in blühende Gärten verwandelt wird? Lernen am Modell in kokreativen Handlungsspielräumen ist dann beispielsweise im Schulgarten, bei Diskursprojekten wie *Jugend debattiert* oder bei Sport, Musik und Theaterprojekten und erlebnispädagogischen Formaten tatsächlich möglich, sofern alle diese Aktivitäten nicht als verzichtbare Bestandteile neben der Notenmaschinerie der Leistungserhebung behandelt werden, sondern als Herz und Seele jeder Schule gelten.

Individuation und Gemeinwohlorientierung als gleichwertige Entwicklungsstimuli und Säulen des Identitätsaufbaus zu erkennen und zu fördern, wäre dann die Basis der Erziehungsaufgabe im Rahmen einer erlebnis- und beziehungsorientierten Pädagogik in der Schule. Um diese Art von Neuorientierung der Institution Schule verantwortlich zu gestalten, sollten wir uns auch darüber klar werden, dass Schule ein Ort sein muss, wo Kinder und Jugendliche vor rein kommerziellen Anliegen jedweder Art geschützt werden. Das bedeutet in erster Linie, dass Schule als motivierender Ort, in dem Leben und lebendige Bildung stattfinden, innere Freiheitsfähigkeit ausbildet. Es ist dann nicht oberstes Ziel, gut angepasste SchulabgängerInnen für den Arbeitsmarkt zu produzieren, sondern Menschen zu bilden, die ihre individuelle, im Laufe des Heranwachsens gewonnenen Kompetenzen und Stärken nach eigenem Ermessen zum Wohle der Gesellschaft an einem geeigneten Platz für sich und andere einbringen.

In zweiter Linie darf man sich unangenehmen Erziehungsaufgaben in der Schule nicht verweigern. Auch hier gilt es, Vorbilder und Modelle anzubieten, an denen SchülerInnen ihr eigenes Verhalten ausrichten können. Von daher stellt sich die Frage, wie z. B. die Handynutzung an Schulen geregelt wird. Die Aufforderung, die Geräte nicht zu benutzen, reicht nicht aus und stellt eine Überforderung dar: Zu hoch ist der manipulative und gewollte Aufforderungscharakter der Geräte. Erst in der Distanz lässt sich neue Freiheit gewinnen und ein gewisser Abstand hilft, wie viele Untersuchungen belegen (vgl. hierzu z. B. Busch, Volker (2021): Kopf frei! Wie Sie Klarheit, Konzentration und Kreativität gewinnen.), bei der Konzentration auf Bildungsinhalte. An der Herder-Schule werden die Handys von Klasse 5 bis Klasse 10 morgens in der ersten Schulstunde von der jeweiligen Lehrkraft in einen gut wattierten Koffer eingesammelt und im Schulsekretariat bis Schulschluss gelagert. Falls mit den Handys im Unterricht gearbeitet werden soll, holt die jeweilige Lehrkraft den Handykoffer in den Unterricht. Das funktioniert in der Regel unproblematisch. Natürlich gibt es auch Regelverstöße (Handy ist angeblich zu Hause, das Gerät wird aber dann während der Pause oder heimlich im Unterricht genutzt). Dann wird das Handy abgenommen und im Koffer verstaut, und die betreffenden SchülerInnen haben einen Gesprächstermin bei der Schulleitung. Durch diese Maßnahme können viele Unterrichtsstörungen und Anlässe für Streit und Probleme während des Schultags präventiv vermieden werden. Denn die Handynutzung ist nicht harmlos, sondern ein Baustein bei der Entwicklung von Schulangst und eine Ursache für Mobbingerlebnisse sowie für Konzentrationsstörungen; mir wurde von Schulen berichtet, wo sich Mädchen nicht mehr auf die Toilette trauen, da es Mitschülerinnen gibt, die unter der WC-Tür überraschend Fotos machen. Das unerlaubte Filmen und Fotografieren kann an vielen Schulen genauso wenig nachhaltig geregelt werden, wie das Zocken und das Kommunizieren per WhatsApp in Pausen. Die ununterbrochene Erreichbarkeit über die Geräte lenkt zudem vom unterrichtlichen und sozialen Geschehen in der Schule ab und verführt zu ständiger Kommunikation auch mit Personen außerhalb der Schule, nicht zuletzt mit den Eltern, die z. B. von der Toilette aus angerufen werden, weil sich SchülerInnen von der Schule abholen lassen wollen. Social Media ist ein Problem, dem nicht leicht beizukommen ist. Die Aufregungsspiralen in Chat-Gruppen von Eltern sind hier genauso kontraproduktiv wie der oftmals gar nicht soziale Austausch unter den SchülerInnen. Wir sind als Lehrkräfte nicht selten zur Vermittlung bei Streit und Mobbing aufgerufen, obwohl sich die Chat-Verläufe außerhalb des Zuständigkeitsbereichs der Schule am Nachmittag, am Abend, am Wochenende oder in den Ferien vollziehen.

Sehr eindrücklich schildert die Schulleiterin Silke Müller in ihrem Buch »Wie verlieren unsere Kinder« an vielen Beispielen aus ihrer Schule, welchen jugendgefährdenden Inhalten SchülerInnen im deregulierten Internet ausgesetzt sind. Durch *Social-Media*-Sprechstunden widmen sich die Lehrkräfte an ihrer Schule den verstörten SchülerInnen, die durch Konfrontation mit Hass, Grausamkeit und sexuellem Missbrauch im Netz überfordert sind. Allerdings räumt sie auch ein, dass selbst die Erwachsenen durch die weiter zunehmende Verrohung im Internet überfordert sind. Eine Analyse, wie es so weit kommen konnte, steht aus. Sie fragt lediglich, wann wir falsch abgebogen sind. (Vgl. Müller, Silke, a. a. O.) Hier sollten Erwachsene Orientierung geben. Verbote, Warnungen und Aufklärung nutzen leider nur wenig; eigentlich wäre der Gesetzgeber aufgerufen, die zunehmende Gefährdung des Kindeswohls im w*orld wide web* endlich zur Kenntnis zu nehmen und die Nutzungsbedingungen von *Social Media* und anderen digitalen Angeboten zum Wohle der Heranwachsenden klar zu regeln. Aber solange allgemeines *laissez faire* vorherrscht, ist es auch für die Schulen nicht einfach, klare und hilfreiche Regelungen durchzusetzen.

An der Herder-Schule setzen wir deswegen auf *digital detox*: Einerseits mit der Handykofferregelung während des Schulvormittags, andererseits mit den jährlichen erlebnispädagogischen Fahrten, bei denen fünf Tage lang in Klasse 5 bis 9 alle Handys eingesammelt werden, und nur für eine Stunde am Abend ausgegeben werden. Dabei nehmen wir eine zunehmende Gelöstheit und soziale Aufgeschlossenheit der SchülerInnen wahr, wenn auch bei einigen anfangs geradezu Entzugserscheinungen auftreten, die sich aber durch die vielfältigen Erlebnisse und Herausforderungen auf der Fahrt in der Regel schnell geben. Aufklärungs- und Informationsarbeit zum Thema Medien kann z. B. klassenübergreifend durch ältere SchülerInnen stattfinden. Bei einem unserer Medienprojekte, das die 9. Klasse mit der 5. Klasse durchführte, wurde deutlich, dass teilweise exzessive Handy- und Gerätenutzung immer früher den Alltag der Kinder bestimmt. Es berichteten SchülerInnen aus Klasse 5 und 6, dass sie am Wochenende acht bis zehn Stunden Online spielen und deswegen erst nach Mitternacht schlafen gehen. Offensichtlich sind viele Eltern überfordert, hier dem Missbrauch und der Entwicklung von Suchtverhalten etwas entgegenzusetzen.

Der exzessive Gebrauch von Online-Spielen gefährdet nicht nur die Psyche unserer Kinder und Jugendlichen, sondern auch die physische Gesundheit, da es – wie mir ein Mitarbeiter der Schulaufsicht des Fachbereichs Sport berichtete – die Einübung der körperlichen Geschicklichkeit weitgehend brach liegen lässt. Eine zunehmende Zahl von Unfällen im Sportunterricht aufgrund mangelnder Bewegungsfähigkeit der SchülerInnen ist die Folge. Von daher wäre es angebracht, im Gegenzug unsere Schulen zu Bewegungsschulen umzubauen, statt Sport- und Bewegungsunterricht auf wenige Wochenstunden zu begrenzen. Ein Beispiel an unserer Schule kann diese Tendenz verdeutlichen: Ein Schüler der 5. Klasse, der im ersten Jahr noch mit Begeisterung an der Pferde-AG und der Garten-AG teilgenommen hatte, vermied nach den Sommerferien in wachsendem Maße in der 6. Klasse alle körperlichen Anstrengungen, da er mittlerweile ein ausgeprägtes Medien-Suchtverhalten entwickelt hatte. Das Aufwachsen bei dem ebenfalls sehr medienaffinen alleinerziehenden Vater verengte den Horizont möglicher Betätigungen gänzlich auf das Zocken. Nur die Erlebnisse und Erfahrungen während des Schultags, der für ihn viermal die Woche Ganztagsbetreuung beinhaltet, hielten den Horizont offen, dass es andere Formen der Beschäftigung neben den Bildschirmmedien geben kann.

Dies sind individuelle Vorschläge, gewonnen aufgrund jahrelanger Arbeit im schulischen Kontext als Schulgründerin und Schulleiterin. Sie mögen Lehrkräfte, Schulleitungen und engagierte Eltern inspirieren zur Schaffung neuer Freiräume jenseits der vorgefertigten Formate und Erlebnisse der Medienindustrie. Jede Schule sollte in ihrer Schulgemeinschaft ihren eigenen Weg finden, wie neue Lebendigkeit und neue Freiheitsräume miteinander gestaltet werden können. Als Voraussetzung für neue Wege gilt es zuerst, für die Schule eine *corporate identity* zu schaffen, die eine einladende Wirkung auf alle in der Schulgemeinschaft hat, also auf SchülerInnen, Lehrkräfte und Eltern. Dies kann in demokratisch organisierten Foren gelingen, in denen eine Schulphilosophie ausgehandelt wird, die als Orientierung dienen kann. Diese Schulidentität kann auch als Schulprofil bereits durch das Leitungspersonal oder ein engagiertes Schulforumsgremium vorgegeben sein. Zentral ist aber in jedem Fall, dass das Schulprofil Offenheit, Prozessorientierung und Mitwirkungsmöglichkeiten bietet, sodass sich die Mitglieder der Schulgemeinschaft dazu aufgerufen fühlen, bei der Gestaltung der Schulgemeinschaft eigene Ideen einzubringen und ihr individuelles Profil auszubilden. Denn wenn alles schon vorgegeben ist und starr bleibt, wird Entfremdung vom Leben in der Schule vorprogrammiert. Deswegen bin ich kein Freund der vorgegebenen Schullabel (UNESCO – Projektschule, *Schule ohne Rassismus – Schule mit Courage* usw.), die man sich durch die Durchführung einer vorbestimmten Anzahl von Projekten verdienen kann. Diese Profilversatzstücke sind zumeist nicht bis in die Tiefenschichten der Schulgemeinschaft wirksam, da es sich gewissermaßen um Markenprodukte handelt, die einen Werbecharakter haben und vor allem auf Außenwirkung zielen.

Schulentwicklung, die in erster Linie auf die Weiterentwicklung von Organisationsstrukturen zielt, kann sehr abstrakt und oberflächlich bleiben. Leitbilder sind dann womöglich nicht handlungsleitend für den Schulalltag, sondern dienen mehr der Außendarstellung der Schule. Es besteht die Gefahr, dass bei Organisationsentwicklung dieser Art die Reflexions- und Aushandlungsprozesse zwischen den Akteuren in der Schule zu kurz kommen und es stattdessen zu einem Scheinhandeln kommt: Man bedient ein abstrakt bleibendes Leitbild oder die Forderungen der Schulaufsicht in einem Als-Ob-Handeln ohne Tiefenwirkung auf das Schulleben und entwickelt dabei keine eigene, gemeinsam getragene Schulphilosophie. (Vgl. Katenbrink, Nora; Wischer, Beate (2021): Professionalisierung durch Schulentwicklung? Ein Denkanstoß. In: Lernende Schule, 94/2021) Um sich eine wirklich identitätsstiftende Schulordnung zu geben, sind moralische und politische Überlegungen im Vorfeld anzustellen, die die Würde und Freiheit des Menschen ins Zentrum stellt (allgemeine Erklärung der Menschenrechte Art.1, Grundgesetz Art. 2) und Räume der Mitgestaltung für die SchülerInnen eröffnet. Das bedeutet konkret, dass für die Einzelschule passende und wirksame Regeln gefunden werden müssen, damit jede Art von Diskriminierung, Erniedrigung, Ungleichbehandlung und angstauslösender Unterdrückung keine Duldung erfährt und die Förderung des schulischen Allgemeinwohls in den Mittelpunkt der Schulgemeinschaft gestellt wird. Hier sind wiederum handlungsorientierte Kommunikationsprozesse gefragt, die das Schaffen einer lebendigen Ordnung aus dem Geist des gegenseitigen Respekts und der Liebe zum Leben ermöglichen. Sowohl Mobbing zwischen SchülerInnen, als auch Erniedrigung in Form von unangemessener Machtausübung durch Lehrkräfte gilt es, als Gefahr für die Individuation der SchülerInnen und für die Identifikation mit der Institution Schule zu erkennen und zu bearbeiten. Das heißt nicht, Konflikte im Keim zu ersticken; das würde lediglich zu einer erniedrigenden Machtausübung in Form von Verdrängung führen. Im Gegenteil sollte das schöpferische Potential des Konflikts erkannt werden und auch hier der Dreischritt *erleben – erfahren – erkennen* zur Anwendung kommen.

SchülerInnen müssen aus eigenen Erlebnissen Erfahrungen gewinnen können, wie sich Konflikte lösen lassen, um gelingende Gemeinschaft möglich zu machen. Das Erleben von Konflikttransformation in der Schule, die harte Arbeit, die es bedeutet, sich Konflikten zu stellen und sie zu verwandeln, ist eine ständige Herausforderung im *Setting* der Schule, die lebensprägende Erfahrungen ermöglicht.

In den geeigneten Schulfächern, wie z. B. Ethik, dem Geschichts- und Politikunterricht oder in Deutsch beim Bearbeiten von Literatur können dann die gewonnenen Erfahrungen durch Unterrichtsgespräch und Analyse zu vertieften Erkenntnissen über das Leben weiterentwickelt werden. Auch hier ein Beispiel aus dem Schulalltag, das diesen Prozess verdeutlichen kann: Zwei Mädchen haben sich in der 9. Klasse durch ihr Verhalten in der Klasse – fortgesetzte Unterrichtsstörungen, damit Prahlen, dem Unterricht ohne Konsequenzen unentschuldigt fern zu bleiben, respektloses Verhalten gegenüber Lehrkräften und MitschülerInnen – ins Abseits manövriert und klagen nun bei der Beratungslehrkraft über Mobbing durch MitschülerInnen. Die Situation eskaliert, als die beiden einem Mitschüler in der Pause den Inhalt einer Dose mit Sardellen in den Kragen schütten. Das klärende Gespräch bei der Schulleitung zeigt ihre Handlungsmotivation, sie sprechen von Rache, der Mitschüler habe sie provoziert. Die Schulleitung vergibt für das Fehlverhalten einen Verweis und lädt gleichzeitig die Mädchen mit den Eltern zu einem Gespräch ein. Dabei geht es dann nicht um Zurechtweisung oder Strafe, sondern das Motiv der Rache wird dabei in den Mittelpunkt gestellt, es wird über die Konsequenzen eines Verhaltens, das im Geist der Rache geschieht, in der ganzen Tragweite diskutiert und alle Beteiligten werden eingeladen, gemeinsam nach Auswegen und Lösungen zu suchen. Es stellt sich heraus, dass eines der Mädchen Mobbingerfahrungen an einer Vorgängerschule erlebt hat und sich im Laufe des Heranwachsens eine vermeintliche Position der Stärke durch unangepasstes und provokantes Verhalten angeeignet hat. Es war ihre Idee, den Mitschüler durch die »Fischattacke« zu beeindrucken und einzuschüchtern, er habe sie im Gegenzug vorher provoziert.

Das gemeinsame Erinnern an die Grundsätze der Schulordnung, die nicht nur von allen SchülerInnen bei Eintritt in die Schule unterschrieben werden, sondern die auch immer wieder im Fach Ethik zur Diskussion gestellt wird, versachlicht das Gespräch und hilft den Fokus auf mögliche Lösungswege zu lenken. Die Mädchen beklagen, dass sich die MitschülerInnen in der Klasse gegen sie verschworen haben und eine Unterschriftenliste sammeln, damit sie die Schule verlassen müssen. Den Vorschlag, in der Klasse eine Mediation mit der Klassenleitung und der Schulleitung durchzuführen, nehmen sie an. Als Voraussetzung für das Gelingen der Mediation schlägt die Schulleitung vorab eine Entschuldigung von Seiten der Mädchen bei dem Jungen vor, der von den beiden angegriffen wurde; so würden sie wahre Größe beweisen, aus einem Teufelskreis der gegenseitigen Erniedrigungen ausbrechen und einen Neuanfang ermöglichen. Sie nehmen auch diesen Vorschlag an. Im Laufe des Gesprächs wird an den Gesichtszügen der Mädchen Entspannung und eine Veränderung der Stimmung deutlich ablesbar. Während sie zu Anfang eher auftrumpfend und herausfordernd aufgetreten sind, wirken sie jetzt gelöster und es breitet sich bei allen TeilnehmerInnen eine konstruktive und aufbauende, ja humorvolle Atmosphäre aus. Der Weg aus der Krise ist angebahnt. Die Schulleitung betont, dass es ein Weg, ein Prozess ist, der wohl noch einiger Zeit und Gespräche bedarf, aber die Richtung stimmt: Es geht um gelingende Gemeinschaft. Das Beispiel kann uns zeigen, dass durch eigene Erfahrungen Konflikte erfolgreich zu lösen, ein schöpferischer Prozess ist, der weit über eine einmalige Situation hinausreicht. Erfahrungslernen hat das Potential, das Schulklima nachhaltig zu prägen: Durch solchermaßen gestaltete Kommunikationsprozesse können Schulen zu Modellen gelingenden Lebens werden und Räume des sozialen Lernens eröffnen, die über die Familien in die Gesellschaft abstrahlen.

4.2 Autorität – in welcher Form brauchen wir sie?

In der Schule wird unterrichtet und erzogen, Kinder und Jugendliche werden – je nach Schulart – mit einem je unterschiedlichen Normenkatalog an Wissen und Bildung konfrontiert. Am Ende der Schullaufbahn, frühestens mit dem Ende der Schulpflicht nach der 9. Klasse, treten die Jugendlichen in einen neuen Ausbildungsabschnitt oder ins Arbeitsleben ein. Im Falle des Scheiterns der Bildungs- und Erziehungsbemühungen besteht die Gefahr, dass die jungen Schulabgänger den Weg aus der Schule in ein eigenständiges Leben versäumen und von Grundsicherung abhängig werden. Das erfolgreiche Hineinwachsen ins Erwerbsleben und damit in ein von staatlicher Hilfe unabhängiges Leben ist – grob umrissen – der kleinste gemeinsame Nenner des Erziehungs- und Bildungsauftrags der Schule.

Das allein reicht aber selbstverständlich als Entwicklungs- und Bildungsziel nicht aus, denn ansonsten erleben SchülerInnen diese zwar allgemein anerkannte Basis des Schulwesens als ein totes Gleis, auf dem sie durch eine geisterhaft leere Welt in eine gefährdete Zukunft ohne Freude am Leben dahinrasen. Die Sehnsucht nach einem sinnerfüllten Leben voller Poesie und Abenteuer wird ausgelagert oder verkümmert.

Eltern sind nicht selten selbst gefangen in dem Zug ohne Fenster nach draußen und ohne Anhaltspunkt, wozu sie sich anstrengen und abmühen in Beruf und Familie. Wie sollen sie da in den sich ständig wandelnden Wertediskursen ihren Kindern Orientierung geben? Wo bleibt die Autorität der Erwachsenen, wenn das, was heute noch gilt, morgen schon wieder überholt ist? Brauchen wir den schillernden Begriff der Autorität überhaupt noch? Diese Frage wird durchaus kontrovers diskutiert. Während die eine Seite darauf verweist, dass ein Rückgriff auf den Autoritätsbegriff die Kinder und Jugendlichen zu wenig partizipativ miteinbezieht, sie nicht als Subjekte mit eigenen Rechten wahrnimmt, wird auf der anderen Seite betont, dass das Konzept der »Neuen Autorität« helfen kann, die Verunsicherung und Ambivalenz im Verhalten erziehender Personen zu überwinden und durch liebevolle Präsenz und Konsequenz zum Wohle des Kindes zu ersetzen. Unabhängig von diesem Diskurs gibt es den Konsens, dass ein positives Selbstbild, die Entwicklung von psychosozialer Reife, Selbstkontrolle und Leistungsbereitschaft am besten gefördert werden, wenn erziehende Personen – Eltern oder Lehrkräfte – einen sogenannten autoritativen Erziehungsstil pflegen. Das bedeutet, dass einerseits eine gute, vertrauensvolle Beziehung gepflegt wird, andererseits aber auch Regeleinhaltung und Disziplin gefordert wird. Ich meine, wir können mit dem Begriff »Neue Autorität« von Haim Omer durchaus sinnvoll in der Schule arbeiten, wenn wir ihn klar definieren und die Ziele des Autoritätshandelns reflektieren (Vgl. Omer, Haim; Schlippe, v. Arist (2023): Neue Autorität. Die Praxis des gewaltlosen Widerstands in der Erziehung). Dabei geht es immer auch um die Abklärung einer Beziehung: Autorität definiert die Beziehung zwischen Menschen, in unserem Falle zwischen SchülerInnen und Lehrkräften und zwischen Kindern und ihren Eltern.

Wenn wir die Autorität einer Institution oder einer erziehenden Person stärken wollen, können wir das durch Aushandeln der Beziehung tun oder dadurch, dass wir ein Machtgefälle schaffen, in dem die Autorität einer Institution oder einer Person nicht infrage gestellt werden darf und die Autorität mithilfe von unhinterfragter Macht und durchsetzender Gewalt stabilisiert wird. Kritiker wenden ein, dass durch Schulpflicht und Bewertung ein vorgeformtes Machtgefälle besteht, also Lehrkräfte von vorne herein auf der

Seite der unhinterfragten Macht stehen, und der Autoritätsbegriff von daher unpassend sei. Allerdings muss ich einwenden, dass auch Lehrkräfte den Schulgesetzen unterstehen und von daher staatlicher Macht in Form der geforderten Umsetzung der Schulgesetze und des vorgegebenen Lehrplans unterworfen sind. Das bedeutet, dass ein Gefühl von Ohnmacht und fehlender Souveränität auf beiden Seiten zu negativen Gefühlen und einer eskalierenden oder resignierenden Haltung führen kann. Andauernde Gefühle von Ohnmacht und/oder Resignation lassen sowohl auf Seiten der SchülerInnen als auch auf Seiten der Lehrkräfte die Motivation für das eigene Tun erlahmen. Beide Seiten stehen sich dann im schlimmsten Falle nur noch als ErfüllerInnen vorgefertigter Rollen gegenüber; lebendige Auseinandersetzung mit Bildungsthemen auf Augenhöhe und die Förderung verantwortungsvoller gegenseitiger Beziehungen ersticken in einem als drückend und sinnlos empfundenen institutionellen Rahmen.

Die Lebendigkeit stirbt ab, was bleibt ist Ehrgeiz nach guten Noten bei den angepassten SchülerInnen und Normerfüllung bei uninspirierten Lehrkräften. Aber die zunehmende Zahl von Lehrkräften und SchülerInnen mit Burn-out und Depressionen lassen dieses Modell sehr fraglich erscheinen. Wir sollten uns gemeinsam auf die Suche nach der Verwirklichung einer lebendigen Schulkultur begeben, die in allen Schulen gelebt werden kann. Wenn es gelänge, dass Lehrkräfte und SchülerInnen die systemische Ebene – das Schulsystem mit seinen Verordnungen – von der Beziehungsebene trennen, könnte eine fruchtbare Zusammenarbeit vor Ort in den Schulen beginnen. Denn es lassen sich durchaus Freiräume in der vorgegebenen systemischen Ordnung finden, sofern sich die Akteure, also Lehrkräfte, Schulleitungen sowie MitarbeiterInnen der Schulaufsicht nicht unreflektiert mit der Schulpolitik identifizieren oder sich als machtvolle Handlanger der staatlichen Ordnung verstehen. Ein jeweils sinnvolles Ausbalancieren von Vorgaben und Freiräumen ist wesentlicher Bestandteil der Reflexivität, die von Lehrkräften im Schulalltag heute erwartet werden kann. (Vgl. Meyer, Hilbert in Lernende Schule 100/2022)

Das Aushandeln der Konflikte wäre dann der demokratische, partizipative Prozess, wenn allen Beteiligten Respekt gezollt wird und alle prinzipiell die gleichen Rechte haben. Auf dieser demokratisch-partizipativen Basis kann der Autoritätsbegriff hilfreich sein, allerdings würde ich persönlich den Begriff Souveränität bevorzugen. Denn es geht nicht um Durchsetzung von Machtansprüchen, sondern um das Gewinnen einer neuen Handlungssouveränität für alle Beteiligten auf partizipativer Basis, also für SchülerInnen und Lehrkräfte sowie für Eltern. Dies betonen auch die Autoren Haim Omer und Arist von Schlippe in ihrem Buch »Stärke statt Macht« (Omer, Haim; Schlippe, Arist v. (2012): Stärke statt Macht. Neue Autorität in Familie, Schule und Gemeinde.) Mit Souveränität oder Stärke ist also ein erneuertes Gefühl von Selbstwirksamkeit angesprochen und nicht die Durchsetzung von unhinterfragten Machtansprüchen; diese Selbstwirksamkeit soll genauso für die erziehenden Eltern oder Lehrkräfte gelten wie für die betroffenen Kinder und Jugendlichen. In Problemfällen befinden sich ja beide Seiten in einer Rolle der Hilflosen: Eine sich verselbstständigende Eskalationsspirale führt zur Überschreitung der Grenzen des gegenseitigen Respekts bis hin zu gegenseitiger Gewaltanwendung oder zum Beziehungsabbruch und der Resignation auf beiden Seiten.

Für den Ausbruch aus diesem Teufelskreis bietet das Konzept der »Neuen Autorität« anhand vieler Praxisbeispiele Lösungen an. Ziel ist immer das Finden einer erneuerten, tragfähigen Beziehungsebene. Dadurch kann ein freudevolleres Zusammenleben und -arbeiten – ohne gegenseitige Grenzüberschreitungen – ermöglicht werden. Die Offenheit für Bildung, das gemeinsame Erforschen der Lebenswelten und der Welt der Wissenschaften wird mithilfe der »Neuen Autorität« im Sinne einer neuen Souveränität in der Schule wesentlich konfliktärmer gestaltet werden können als durch das Verhängen von Ordnungsmaßnahmen oder gar bestrafendes »Abschulen«. Allerdings sollte man die »Neue Autorität« nicht als leicht zu handhabendes Manual anpreisen, denn die Umsetzung des Konzepts erfordert bei allen Beteiligten ein hohes Maß an Frustrationstoleranz. Das Ziel der Verwirklichung von wertschätzender Präsenz und Selbstwirksamkeit in der Erziehungs- und Bildungsarbeit in der Schule braucht Rahmenbedingungen, die Lehrkräften Zeit und Raum zur Verfügung stellt, ihr professionelles Handeln im Team zu reflektieren sowie sich in diesem Sektor weiterzubilden; dazu gehört es auch, Rollenerwartungen an die Rolle der »staatstragenden« Lehrkraft als WissensvermittlerIn und BewerterIn kritisch zu hinterfragen und mehr als bisher um die Beziehungs- und Erziehungsrolle der Lehrkraft in allen Schulformen zu erweitern. Dadurch eröffnen sich in Schulen Spielräume, gemeinsam und kokreativ neue professionelle Handlungsoptionen zu erproben – und ganz nebenbei: Der Beruf der Lehrkraft wird wesentlich attraktiver. Wenn wir den Autoritätsbegriff weiter verwenden wollen, sollten wir ihn von personaler oder institutioneller Autorität auf der Basis von unhinterfragter Herrschaft ablösen und stattdessen die Autorität von lebensdienender Vernunft (vgl. Pelluchon, a. a. O.) als Leitbild für SchülerInnen, Eltern und Lehrkräfte einsetzen. Denn wenn wir uns in unserer pädagogischen Haltung von aufgeblähter institutioneller Autorität verabschieden und uns neu und anders vernetzen, wenn wir strafende Überwachung und Kontrolle durch den Leitbegriff des gegenseitigen Respekts und der je zu gewinnenden Selbstkontrolle und Selbstwirksamkeit ablösen, gewinnen wir lebendige Beziehungen, die durch Wertschätzung geprägt sind.

Unsere Sehnsucht nach Leben kann uns Wege zeigen, die aus zynischen Machtstrukturen, in denen der Einzelne nur eine Nummer in der Statistik ist, herausführen; denn erneuerte Lebendigkeit wird erlebbar, wenn unser Zusammenleben in der Schule und die Bearbeitung der damit einhergehenden unvermeidlichen Konflikte im Geiste gegenseitiger Wertschätzung gestaltet werden.

Autorität durch Beziehung setzt dabei auf Selbstwirksamkeit und Deeskalation, damit emotionale Betroffenheit, Hilflosigkeit und Dualismen des Freund-Feind-Denkens keinen Raum in der Schule gewinnen.

4.3 Zum Schluss – Das Leben in der Schule

Wie wollen wir leben, lernen, arbeiten und feiern? Wonach sehnen wir uns? Was macht uns krank und lässt uns ohnmächtig und ausgeliefert fühlen?

Alles, was uns vom Leben trennt, was uns schwächt und Angst macht, kann überwunden werden, wenn wir aufhören die Rationalität als »Instrument der Verleugnung« (Pelluchon, a. a. O., S. 161) zu verwenden. In dem Augenblick, wo Angst und Depression, Überforderung und Hilflosigkeit das eigene Handeln unmöglich machen, also die Krise am tiefsten ist, können im Eingeständnis des Scheiterns einer rein technischen Rationalität neue Wege eingeschlagen werden.

Lehrkräftemangel, Schulabsentismus, zunehmende psychische Erkrankungen bei SchülerInnen wie bei LehrerInnen zeigen, dass man Schule nicht mehr mit alten Rezepten in den statischen Zustand der gewohnten, lebensfernen Schule zurückführen kann. Es ist eine Transformation von unten nötig, also eine, die von den Akteuren selbst ausgehen muss: von Lehrkräften, SchülerInnen oder Eltern, die erkennen, dass die Verleugnung des Lebens in der Schule die Krisen der Gegenwart vertieft.

Kultusministerien und Schulbehörden können offenbar nicht im ausreichenden Maße eine Metaperspektive einnehmen, sie stellen sich vielmehr oft zwischen Schulleitungen, Lehrkräfte und die jungen Leute, sie verunmöglichen eher lebendige Bildung, als dass sie sie fördern. Bürokratische Aufgaben der Lehrkräfte und Schulleitungen überlagern immer umfangreicher den tieferen Sinn von Bildung. Die Entwicklung des kritischen und kreativen Denkens und die Förderung der Autonomie des Individuums als Ziel jeder Bildung werden zu oft dem Ranking der Notengebung und damit dem Egoismus des Einzelnen im Leistungswettbewerb geopfert.

Aber wie können wir in dem gegebenen institutionellen Rahmen unsere Möglichkeiten ausschöpfen und uns der Freiheiten in der Beschränkung bewusst werden, statt ausgetretene Pfade der Entfremdung, die ins Nichts führen, weiterzuverfolgen? Um nicht dem wohlmeinenden Ruf nach Bildung als Mythos im Sinne eines Allheilmittels für alle gesellschaftlichen Probleme zu verfallen, müssen wir erstens klar konstatieren:

Unsere Gesellschaft ist ungerecht zu Kindern, das hat sich z. B. in den flächendeckenden Schulschließungen gezeigt, bei denen Kindern die gesamte Lebenswelt weggebrochen ist und sie – je nach sozialer Lage – sehr unterschiedlichen Bildungsmöglichkeiten im *homeschooling* ausgesetzt waren.

Zweitens gilt es zu fordern und umzusetzen, dass Kitas und Schulen zu Orten verwandelt werden, in denen Horizonte für die Lebendigkeit und Vielfalt unserer Welt geöffnet werden. (Vgl. el-Mafaalani, Aladin: *Mythos Bildung* in Lernende Schule 100/2022)

Es reicht also nicht, den Schulstoff irgendwie am Ende des Schuljahrs bewältigt zu haben, sondern es geht vielmehr darum, »Identität, Handlungsfähigkeit und Sinnhaftigkeit« in der Schule erleben zu dürfen, »darum, Neugier und Wissensdurst zu wecken – den Intellekt für Neues zu öffnen. Es geht um Mitgefühl – die Herzen zu öffnen. Und es geht um Mut – die Fähigkeit, unsere kognitiven, sozialen und emotionalen Ressourcen zu mobilisieren.« (Schleicher, Andreas: *Zukunft gestalten* in Lernende Schule 100/2022)

Der Vorteil dieser Vorgehensweise liegt auf der Hand: Statt auf Systemveränderung, ja gar Schulsystemabschaffung zu setzen, gilt es, den angestrebten Veränderungs- und Transformationsprozess über das Betreten neuer Wege in der jeweiligen Schulgemeinschaft vor Ort anzustoßen.

In der Geschichte der schulischen Bildung gab es immer wieder Weckrufe nach Erneuerung, nach lebendiger Bildung, nach Überwindung starrer Lehrpläne, nach Neuausrichtung der Schule an den Bedürfnissen des Individuums. Es ist in gewisser Weise bequem, sich in der Kritik zu erschöpfen aber nichts zu verändern; es gibt viele Lehrkräfte und Eltern, die erkennen, dass die Verfasstheit der Schule unüberwindliche Dilemmata in sich trägt. Z. B. lässt sich das Gleichheitsgebot – gleiche Chancen für alle – nicht umsetzen, da es in den Familien und den Biografien der SchülerInnen sehr vielfältige Voraussetzungen und auch Hinderungsgründe für eine erfolgreiche Bildungslaufbahn gibt. Dazu sei an das bekannte Bild erinnert, in der ein Lehrer verschiedene Tiere auffordert, (z. B. ein Eichhörnchen, einen Igel und einen Vogel), einen Baum zu erklettern. Keiner käme auf die Idee, dass alle die gleichen Chancen haben, diese Aufgabenstellung erfolgreich zu bewältigen, weil auf die individuellen Voraussetzungen und Begabungen nicht eingegangen wird. Oder die Annahme, dass unser differenziertes Schulsystem mit klaren Wertigkeiten der formalisierten Bildungsabschlüsse für alle SchülerInnen die beste Lösung sei, obwohl diese Form der Differenzierung mit eingeschränkter Wahlfreiheit immer wieder zu Fehlentscheidungen und zu großem Wettbewerbsdruck auf die Kinder in der Grundschule führt. Ebenso ist das Standardisierungsgebot mit standardisierten Lehrplanzielen und Kompetenzerwartungen der Ausbildung von Studierfähigkeit abträglich. Diese Parameter der schulischen Bildung sind eigentlich unüberwindliche Paradoxien, die sich nicht lösen lassen. (Vgl. hierzu Gronemeyer, Marianne (1997): Lernen mit beschränkter Haftung. Über das Scheitern der Schule.)

In einer Welt, in der wir ständig mit Paradoxien und Widersprüchen leben müssen, gehört die Akzeptanz des Absurden zum Leben, schließlich gibt es für viele Bereiche des Lebens keine widerspruchsfreien Lösungen. Wir brauchen also gegenüber diesen Paradoxien ein gerüttelt Maß an Frustrationstoleranz und dürfen uns die Sehnsucht nach lebendiger Praxis im Hier und Jetzt nicht durch die grundlegenden systemischen Widersprüchlichkeiten vergällen lassen. Die Umgestaltung der Praxis vor Ort erfordert mehr als das Erkennen und Analysieren überlebter Strukturen: Es sind Initiative, Engagement und Mut gefragt. Die Sehnsucht nach einer Überwindung des Diktats des Formalismus und Bürokratismus in der Schule lässt sich jederzeit und überall durch sofort umsetzbare Projekte in der Schulpraxis stillen, wenn SchülerInnen, Lehrkräfte, Schulleitungen und Eltern anfangen, sich kokreativ über Voraussetzungen und Ziele von Schule überhaupt kommunikativ zu verständigen. Das kann neue, lebendige, soziale Räume eröffnen. Das Ziel der Eltern könnte dann beispielsweise nicht der Wettbewerbsvorteil für die je eigenen Kinder sein, die Lehrkräfte würden in diesem Falle nicht den möglichst reibungslos und routiniert ablaufenden Schulalltag anstreben – den die jungen Menschen im Übrigen sowieso durch ihren Eigensinn immer wieder infrage stellen. Demgegenüber wäre das Erproben neuer Formen des Zusammenlebens und Zusammenarbeitens in der Schule dann der Mittelpunkt der Bemühungen einer solchen Schulgemeinschaft. Da sich im Rahmen der Digitalisierung des Unterrichts eine beobachtbare Tendenz zur noch umfassenderen Standardisierung, zur Modularisierung und zur Entindividualisierung durchsetzt, gilt es als alternativen und unverzichtbaren Bestandteil von Bildung, die Fähigkeit zur Selbst- und Weltgestaltung bei den SchülerInnen durch Lebensnähe von Unterrichtsprojekten zu stärken.

Lebensnah ist alles, was das Leben stärkt: Das Erlernen kritischen Argumentierens genauso, wie das Musizieren in der Schulband oder im Schulorchester, das Anlegen eines Schulgartens oder die Exkursionen zum nächstgelegenen Bauernhof ebenso wie das Vermitteln von Medienkompetenz, das Erlernen von Körperbeherrschung in Sport- und Performanceprojekten genauso wie das Veranstalten eines *Poetry Slams* in der Schule, um nur einige Beispiele für eine lebensnahe Bildung zu nennen.

Statt die weitverbreitete »Gebrauchsanweisungspädagogik« der Lehrpläne unhinterfragt umzusetzen, die vorgibt, Bildung sei ein Herstellungsprozess – wenn ich Input A gebe, erhalte ich Output B – sollten wir uns immer wieder neu und lebendig über den Kanon der Bildung verständigen. Dabei geht es um Kernbestände der Bildung, die in der Schule ihren Platz finden sollten. Aber auch außerhalb der Schule findet überall Bildung statt, immer dann, wenn jemand sich fragend und suchend zu seiner Mitwelt verhält und bereit und offen ist, Neues zu lernen. Ernste Hingabe an den Gegenstand,

Übung und wachsende Erfahrung sind erforderlich. Zensuren stören dabei meist mehr, als dass sie nützen. (Vgl. Gronemeyer, a. a. O., S. 34) Dagegen ist die geradezu industriell anmutende Standardisierung von Bildung vor allem der »blitzsauberen Bewertbarkeit« geschuldet. (Vgl. ebd. S. 45) Die Bildungsinhalte rücken vor diesem »heimlichen Lehrplan« in den Hintergrund. Wie wäre es, wenn wir, statt uns an diesen Paradoxien abzuarbeiten und an uns selbst und unserem Bildungsauftrag irre zu werden, diese ganze Veranstaltung der Widersprüche mit Humor nehmen würden, um dann das Bestmögliche daraus machen. Wir könnten anfangen, damit zu spielen, also Spielräume zu eröffnen, um Bildung vom Ungeist der Degradierung zu bewertbaren Modulen im Dienste des Hierarchieranking, wo immer es möglich ist, zu befreien.

Wir brauchen also weder die Schule abschaffen, wie es die *Deschooling*-Bewegung einst forderte, noch müssen wir im Mainstream der Anpassung an die digitale Standardisierung der Schule mitschwimmen; wir müssen auch nicht Bewertungen in der Schule abschaffen, sondern können diese durchaus als Feedbackinstrument sinnvoll und angemessen nutzen.

Überall hat sich die Erkenntnis durchgesetzt, dass Wildwuchs den Artenreichtum beflügelt. Vielfalt gilt wieder als schützenswert, denn es droht uns die Gefahr der Verödung durch den Verlust unserer Lebensgrundlagen, wenn Effizienz und Nutzbarmachung alles wildwüchsig Lebendige ausrotten. Also sollten wir nicht nur Braunbär und Wolf auswildern und wilde Blühwiesen wieder zulassen, sondern auch wildwüchsige Bildung fördern, in der es nicht um Rangzuweisungen geht, sondern um originelle und eigensinnige Welterschließungsprojekte.

Der Sehnsucht nach Leben werden wir dann gerecht, wenn wir die ganze Welt als Bildungsstätte begreifen und neben den planmäßigen Bildungsprozessen die ungeplanten, sich ereignenden und spontanen Bildungserlebnisse als Impulsgeber der Selbst- und Welterschließung anerkennen und pflegen. Gerade angesichts der akuten Gefahr, dass unsere Lebenswelt zur Gerätewelt erstarrt, gewinnt der Erfahrungsreichtum der analogen Welt eine ganz neue Bedeutung. Der menschengemachten zweiten Natur, der natürlichen Künstlichkeit (vgl. Plessner, a. a. O.), die uns umgibt, sollten wir mit einer gehörigen Portion kritischer Distanz begegnen, um nicht in eine vormoderne Haltung der Technikgläubigkeit zu fallen, die einem blinden Glauben an eine höhere Instanz gepaart mit der dazugehörigen Unterordnungsbereitschaft erstaunlich nahekommt.

Wie können wir lebensweltlich inspiriert, erlebnis- und beziehungsorientiert in der Schule leben und handeln? Indem wir neue Handlungsmuster ausprobieren und einüben, lebensnahe Routinen etablieren, indem wir Schulen zu Zentren lebendiger Bildung umgestalten. »Anstatt zur Fortsetzung eines falschen Fortschritts wird die Wiederholung dann zu etwas anderem: Sie wird zur Wiederannahme von Welt. Wiederannahme des Unterdrückten als Befreiung, Wiederannahme des Abgespaltenen als Verbundenheit, Wiederannahme gebrochener Gezeiten als Zukunft.« (Redecker, Eva v. (2020): Revolution für das Leben. Philosophie der neuen Protestformen, S. 148) Wenn die Wünsche nach lebendiger Bildung in eine solidarische Suchbewegung münden, kann daraus Freiheit statt Herrschaft wachsen. Wir erkennen uns selbst wieder neu als Lernende und Lehrende in einem lebendigen Bildungs- und Arbeitsprozess und bannen so die Gefahr der inneren Kündigung als Lehrkraft oder der Schulangst bzw. des Schulabsentismus als SchülerIn.

Das Beschreiten neuer Wege in Bildung und Schule löst sich dann also aus dem Verwertungszusammenhang, in den Bildung gestellt wurde, und baut auf die Eigenlogik einer widerständigen Bildung, die befreit, statt zu unterwerfen, die auf Weltverbundenheit setzt, statt zu entfremden, die Erfahrungshorizonte eröffnet, statt auf vorgespurten Bahnen ein vorgegebenes Ziel anzustreben.

Alle, die an Weltverlust leiden, finden überall andere, die sich ebenfalls nach einer erneuerten Weltbeziehung jenseits des Verwertungsschemas sehnen. Wir müssen uns nur wahrnehmen und vernetzen, dann schaffen wir gemeinsam lebens- und liebenswerte Orte der Bildung. Machen wir uns auf den Weg!

Dank

Leben und Denken sind lebendige Prozesse, die im gemeinsamen Gespräch und lebhaften Diskursen in besonderer Weise als Stimulus für die persönliche Weiterentwicklung wirken. Mein tiefer Dank gilt deswegen zuerst meinen liebsten Gesprächspartnern, meiner Familie: Mit meinem Lebenspartner Rafael gelingt Tag für Tag die Inspiration zu innerer Freiheitsfähigkeit, viele Ideen und Gedanken dieses Buches haben wir über Jahre intensiv zusammen diskutiert; die Lebendigkeit unserer Gespräche war immer eine Kraftquelle, danke! Meinen drei Töchtern gebührt Dank für ein Leben voller Überraschungen und Freude. Seit sie erwachsen sind, bereichern sie uns mit *Updates* aus ihren beruflichen, künstlerischen und wissenschaftlichen Bezügen: Danke für die lebendige Rückbindung an das, was junge Leute heute bewegt!

Das Zusammenleben und zusammen lernen mit unseren SchülerInnen ist eine Quelle der Freude und des Erfahrungslernens. Sie fordern uns heraus, sich immer wieder neu auf ihre Bedürfnisse einzustellen und gemeinsam herauszufinden, wie lebendige und sinnstiftende Bildung in unserer Zeit machbar ist. Ohne euch gäbe es dieses Buch nicht. Ein Dank an euch und eure Eltern für eure Bereitschaft, mit uns neue Wege zu beschreiten!

Ein besonderer Dank gilt dem Altbürgermeister der Gemeinde Pielenhofen vor den Toren von Regensburg. In der Schulgründungsphase der Herder-Schule hat er uns eingeladen, unsere Idee in seiner Gemeinde Wirklichkeit werden zu lassen. Die Gemeinde stellte uns bis zum Erwerb des Klosters Pielenhofen durch den Herder-Schulverein das leerstehende Grundschulgebäude zur Verfügung und hat in der Aufbauphase der Herder-Schule vier Jahre auf Miete verzichtet. Dies war ein wesentlicher Baustein des Gelingens, da wir ohne Sponsoren, nur mit Idealismus als Kapital, das Abenteuer der Schulgründung gewagt haben.

Die Schulaufsicht hat unser Handeln im Rahmen der Schulgründung und des Aufbaus der Herder-Schule immer wieder infrage gestellt. Unsere

Sehnsucht nach Lebendigkeit und unser Wunsch nach der Verwirklichung einer sinnstiftenden Bildung entsprechen offensichtlich nicht den Normierungen und Standardisierungen des staatlichen Schulsystems. So mussten wir uns in Frustrationstoleranz üben, wir mussten uns der Absurdität so mancher Verordnungen stellen, wir haben Durchhaltekraft gelernt und es geschafft, die Dilemmata des Systems kreativ zu nutzen: Danke!

Ein herzliches Dankeschön an den oekom verlag, der sich darauf eingelassen hat, einer Autorin aus der Schulpraxis, die Möglichkeit der Verwirklichung dieses Buchprojekts zu geben!

Literatur

Monografien

Au, Jakob v.; **Gade**, Uta (Hrsg.) (2016): »Raus aus dem Klassenzimmer«, Outdoor Education als Unterrichtskonzept.

Bandura, Albert (1976): Lernen am Modell. Ansätze zu einer sozial-kognitiven Lerntheorie.

Bohnsack, Fritz (2016): Sinnvertiefung im Alltag. Zugänge zu einer lebensnahen Spiritualität. Ausblick auf Sinn-Probleme der Jugend und der Schule.

Busch, Volker (2021): Kopf frei! Wie Sie Klarheit, Konzentration und Kreativität gewinnen.

Bayerisches Gesetz über das Erziehungs- und Unterrichtswesen (BayEUG)

Camus, Albert (2020): Der Mythos des Sisyphos. In neuer Übersetzung und mit einem Nachwort von Vicent von Wroblewsky.

Eschenbroich, Donata (2001): Weltwissen der Siebenjährigen. Wie Kinder die Welt entdecken können.

Furmann, Ben (2021): Ich schaffs! Spielerisch und praktisch Lösungen finden – Das 15 Schritte-Programm für Eltern, Erzieher und Therapeuten.

Gabriel, Markus (2023): Warum es die Welt nicht gibt.

Gronemeyer, Marianne (1996): Lernen mit beschränkter Haftung. Über das Scheitern der Schule.

Grundgesetz für die Bunddesrepublik Deutschland

Habermas, Jürgen (1981): Theorie des kommunikativen Handelns.

Herder, Johann Gottfried (1784–91): Ideen zur Philosophie der Geschichte der Menschheit, 4 Bände.

Herrmann, Ulrich (Hrsg.) (2006): »Mit uns zieht die neue Zeit …« – Der Wandervogel in der deutschen Jugendbewegung.

Klippert, Heinz (2018): Methoden-Training.

Konrad, Franz Michael; **Knoll**, Michael (2018): John Dewey als Pädagoge. Erziehung – Schule – Unterricht.

Lemme, Martin; **Körner,** Bruno (2022): »Neue Autorität« in der Schule: Präsenz und Beziehung im Schulalltag.

Luhmann, Niklas (2010): Soziale Systeme. Grundriss einer allgemeinen Theorie.

Müller, Silke (2023): Wir verlieren unsere Kinder. Gewalt, Missbrauch, Rassismus. Der verstörende Alltag im Klassenchat.

Naes, Arne (2013):Die Zukunft in unseren Händen: Eine tiefenökologische Philosophie.

Nida-Rümelin, Julian; **Zierer**, Klaus (2023): Demokratie in die Köpfe. Warum sich unsere Zukunft in den Schulen entscheidet.

Omer, Haim; v. **Schlippe**, Arist (2023): Autorität durch Beziehung. Die Praxis des gewaltlosen Widerstands in der Erziehung.

Omer, Haim; v. **Schlippe**, Arist (2016): Stärke statt Macht. Neue Autorität in Familie, Schule und Gemeinde.

Pelluchon, Corine (2021): Das Zeitalter des Lebendigen. Eine neue Philosophie der Aufklärung.

Piaget, Jean; Fatke, Reinhard (Hrsg.) (2016): Meine Theorie der geistigen Entwicklung.

Piaget, Jean (1978): Das Weltbild des Kindes.

Plessner, Helmuth (1928): Die Stufen des Organischen und der Mensch.

Precht, Richard David (2013): Anna, die Schule und der Liebe Gott. Der Verrat des Bildungssystems an unseren Kindern.

Redecker, Eva v. (2020): Revolution für das Leben. Philosophie der neuen Protestformen.

Reheis, Fritz (2004): Nachhaltigkeit, Bildung und Zeit. Zur Bedeutung der Zeit im Kontext der Bildung für eine nachhaltige Entwicklung der Schule.

Rosa, Hartmut (2016): Resonanz. Eine Soziologie der Weltbeziehung.

Rousseau, Jean-Jaques (1762): Emile oder Über die Erziehung.

Scheler, Max (1928): Die Stellung des Menschen im Kosmos.

Schulz von Thun, Friedemann (1981): Miteinander reden 1 – Störungen und Klärungen. Allgemeine Psychologie der Kommunikation.

Schulz von Thun, Friedemann (1989): Miteinander reden 2 – Stile, Werte und Persönlichkeitsentwicklung. Differentielle Psychologie der Kommunikation.

Schulz von Thun, Friedemann (1998): Miteinander reden 3 – Das »innere Team« und situationsgerechte Kommunikation. Kommunikation, Person, Situation.

Schulte-Markwort, Michael (2015): Burnout-Kids. Wie das Prinzip Leistung unsere Kinder überfordert.

Spessart-Evers, Stefanie (2021): Klimawandel-Bewusstseinswandel. Eine Einladung.

Winter, Reinhard (2018): Wie Jungen die Schule schaffen. Ein Ratgeber für Eltern.

Wolfram, Anke (2023): Handbuch Naturraumpädagogik in Theorie und Praxis.

Zeitschriften
(in der Reihenfolge des Erscheinens im Text)

Robert-Bosch-Stiftung (2022): Das deutsche Schulbarometer: Aktuelle Herausforderungen an den Schulen in Deutschland.

Lernende Schule, 92/2020 (Merkel ruft die Bildungsrepublik aus, S.12).

Grigat, Felix: Bildungsgipfel erntet viel Kritik. In *Forschung und Lehre*, 4/2023, S. 237.

Egle, Jürgen (2013): Zur Bedeutung von Person und Beziehung für gelingendes Lernen. In SEMINAR, 4/2013.

Forschung und Lehre 5/22, Rezension zu Pelluchon, Corine (2021): Das Zeitalter des Lebendigen. Eine neue Philosophie der Aufklärung.

PÄDAGOGIK 9'17/Leistungsbewertung und Vielfalt.

Wochenzeitung DIE ZEIT Nr. 53, 22.12.2021.

Otto, Anne: Die Krise der Kinder. In *Psychologie heute* 49/12.

Häcker, Thomas; **Feindt**, Andreas (2022): Professioneller Umgang mit Leistungen? Handeln in den Falten der Institution. In *Friedrich Jahresheft* 40, 2022.

Stojanov, Krassimir (2022): Warum »Leistung« kein tragendes Prinzip von Bildungsgerechtigkeit sein kann. In *Friedrich Jahresheft* 40, 2022.

Katenbrink, Nora; **Wischer**, Beate (2021): Professionalisierung durch Schulentwicklung? Ein Denkanstoß. In: *Lernende Schule*, 94/2021.

Meyer, Hilbert (2022): Schul- und Unterrichtsentwicklung. Ein Blick zurück nach vorne. In *Lernende Schule* 100/2022.

El_Mafaalani, Aladin (2022): Mythos Bildung. Die ungerechte Gesellschaft, ihr Bildungssystem und seine Zukunft. In *Lernende Schule* 100/2022.

Schleicher, Andreas: Zukunft gestalten. In *Lernende Schule* 100/2022.

Weblinks
(in der Reihenfolge des Erscheinens im Text)

https://www.deutschlandfunk.de/bildungspflicht-statt-schulpflicht-100.html

https://www.bundestag.de/resource/blob/835702/1da4c50c71135c08416a99ad1478a796/WD-8-025-21-pdf.pdf

Ullmann, Edwin (2016): Lernen aus neurobiologischer Perspektive. In: https://www.uni-wuerzburg.de/fileadmin/43060000/04_Fort-_und_Weiterbildungen_Lehrkraefte/Herbsttagungen/Herbsttagung_2016/20161006_WS_04_Neurobiologie.pdf

www.herder-schule.eu

www.schule-bayern.de

https://www.deutschlandfunk.de/rede-von-frank-a-meyer-demokratie-als-antiutopie-100.html

https://www.lehrer-news.de/blog-posts/chatgpt-schummel-lehrerverband-fordert-ende-des-klassischen-notens-ystems

Bandura, Albert: https://intrapsychisch.de/das-konzept-der-selbstwirksamkeit-nach-bandura/

https://www.dhm.de/lemo/rueckblick/die-gruendung-des-wandervogels-1901.html

https://www.zeit.de/politik/ausland/2023-05/razzia-klimaschuetzer-un-schutz-antonio-guterres

http://www.meissner-2013.de

https://www.deutschlandfunk.de/europaweite-bauernproteste-eu-kommission-100.html

https://www.sueddeutsche.de/bildung/digitalisierung-der-schulen-nachdenken-first-1.4223646

https://www.reinhardkahl.de/treibhaeuser-der-zukunft/

https://deutsches-schulportal.de/expertenstimmen/jenseits-der-faecher-warum-well-being-mehr-beachtung-verdient

www.eoe-network.eu

https://www.lehrer-news.de/blog-posts/chatgpt-schummel-lehrerver-band-fordert-ende-des-klassischen-notensystems

https://www.bildungswende-jetzt.de/ueber-uns/

www.rbb24.de/politik/thema/corona/beitraege/2021/01/interview-bildung-digital-praesenz-unterricht-vorteile-nachteile.html

https://visible-learning.org/de/kritik-an-der-hattie-studie-visible-lear-ning/

www.herder-kulturzentrum.de

https://lexikon.stangl.eu/23405/edutainment

https://www.stmelf.bayern.de

www.gemueseackerdemie.de

www.jugend-debattiert.de

https://www.lehrplanplus.bayern.de/uebergreifende-ziele/textabsatz/24777

https://www.schule-ohne-rassismus.org

https://www.zcm-brandenburg.de/akteure/prof-dr-heiko-christians/

www.wirkstatt-nachhaltigkeit.de

www.ifb.uni-wuppertal.de/herausforderungen

https://deutsches-schulportal.de/expertenstimmen/projekt-herausforderung-eine-innovative-idee-macht-schule/